関西学院大学研究叢書　第267編

学生の自律性を育てる授業

自己評価を活かした教授法の開発

Cultivating Student Autonomy in University Classes
Instructional Methods Leveraging Self-Assessment

岩田 貴帆
Takaho IWATA

関西学院大学出版会

学生の自律性を育てる授業

自己評価を活かした教授法の開発

はじめに

　本書は，大学の授業での実践を通して開発した，教授法に関する一連の研究をまとめたものである．その教授法のねらいは，初学者であっても，学生が自分のパフォーマンスを適切に自己評価できるように支援することで，彼ら・彼女らがパフォーマンスの改善点に自ら気づいて，自律的に改善できることを促す点にある．そのために本書が着目するのは，学生が評価主体となる学習活動である．授業では通常，学生を評価する主体は教員であることが一般的だが，近年，自己評価活動や，ピアレビューなど，学生が評価の主体となる学習活動を授業に取り入れた研究が盛んになっている．加えて，優れたパフォーマンスの典型的な事例や，改善の余地のあるパフォーマンスの典型的な事例を教材として用いて学生が評価する，評価練習という活動も存在する．これも学生主体の評価活動の1つといえる．しかしながら，これら学生主体の評価活動にはどういった違いがあるのか，授業ではどれか1つを実施すればよいのか，あるいは複数を組み合わせたほうが効果的なのか，といったことが十分に構造的に示されてはこなかった．そこで本書では，初学者の学生が自己評価することが難しい理由に着目して，複数の評価活動の機能を整理したうえで，それらを取り入れた教授法を開発することを目指した．具体的には，初学者の学生は，①評価基準の理解が難しいこと，②評価基準を自分のパフォーマンスに適用する際に他者の視点を踏まえることが難しいこと，という2つの理由により適切な自己評価が妨げられていると整理した．そして，①に対応する評価活動として評価練習を，②に対応する評価活動として自己評価活動とピアレビューを位置づけ，その両方を取り入れた教授法を本書にて提案した．

　また，どういう授業において本教授法が必要なのかを明確にするため，知識・スキルを習得するだけでなく，それらを活用するコンピテンシーの育成を目指す授業において有用な教授法であると位置づけを示した．

このような研究の背景を述べるために第1章では，現代社会の特徴と大学教育において育成が期待される能力としてコンピテンシーについて述べたうえで，その育成の舞台としてのパフォーマンス課題，そして学生による自律的なパフォーマンス改善を目指す先行研究の状況を整理した．

第2章では，開発する教授法に取り入れるべき評価活動を特定するため，先行研究のレビューを通してそれぞれの利点と課題を整理した．

そして第3章から第7章では，授業実践を通して，教授法の実施方法の具体化と効果検証に取り組んだ．筆者は，2018年度から2021年度に某大学の教養科目の授業担当者の協力を得て，ティーチングアシスタント（TA）として授業実践にかかわりながら教授法を実施することができた．さらにその経験を通して，より効果の高い実施方法に関する知見を見出すことができた．この授業で課しているレポート課題をめぐって実施した教授法を詳しく紹介しているため，第3章から第7章は，学生がレポートを自ら改善できるよう促した授業実践の事例としても読むことができる．

以上を踏まえて最後の第8章では，「自己評価に基づく自律的なパフォーマンス改善を促す教授法」を構築し，その意義と課題を述べた．

本書は，以上のような全8章で構成されている．

学生の自律性を育てる授業
目次

はじめに i

第1章 本書の背景と目的 —————————————————— 1

1.1. 大学教育で育成が期待されるコンピテンシー 1
 1.1.1. 現代社会の特徴 1
 1.1.2. 大学教育への政策的要求 2
 1.1.3. コンピテンシーへの着目 3
1.2. パフォーマンス評価への着目 4
 1.2.1. パフォーマンス評価の系譜 5
 1.2.2. 学習機会としてのパフォーマンス評価 6
1.3. パフォーマンス改善のための学生による自己評価 8
 1.3.1. 形成的評価への着目 8
 1.3.2. 教員によるフィードバックのみに頼る指導の限界 8
 1.3.3. 学習者を評価主体として位置づける形成的評価論 11
1.4. 適切な自己評価のための支援 14
 1.4.1. 初学者が適切に自己評価することの難しさ 14
 1.4.2. 自己評価の不適切さは解決すべき問題か 15
1.5. 初学者の自己評価において支援を要する2つの困難 16
 1.5.1. パフォーマンス課題における自己評価の2つの局面 16
 1.5.2. 評価基準を理解する困難 21
 1.5.3. 他者の視点を踏まえて自己評価する困難 22
 1.5.4. 小括 24
1.6. 教授法の先行研究に残された問題 24
1.7. 本書の目的と構成 26

第 2 章　教授法に取り入れる学生主体の評価活動　———— 29

- 2.1．本章の背景と目的　29
  - 2.1.1．学生を評価主体とする評価活動への着目　29
  - 2.1.2．本章の目的　30
- 2.2．教授法に必要な評価活動とその定義　30
  - 2.2.1．自己評価　31
  - 2.2.2．ピア評価／ピアフィードバック／ピアレビュー　31
  - 2.2.3．フィードバック　32
  - 2.2.4．ルーブリック　32
  - 2.2.5．典型事例　34
  - 2.2.6．小括　35
- 2.3．3つの評価活動の利点と課題　36
  - 2.3.1．(A) 自己評価活動の利点と課題　36
  - 2.3.2．(B) ピアレビューの利点と課題　37
  - 2.3.3．(C) 評価練習の利点と課題　38
  - 2.3.4．小括　39
- 2.4．評価活動の相補的な活用可能性　40
  - 2.4.1．ピアレビューの課題を乗り越えるために　40
  - 2.4.2．評価練習の課題を乗り越えるために　41
  - 2.4.3．自己評価活動の課題を乗り越えるために　42
  - 2.4.4．開発する教授法が含む構成要素　42
- 2.5．本章のまとめと次章以降で取り組むべき課題　43

第 3 章　評価基準の理解を促す効果の高い評価練習の実施方法　—— 45

- 3.1．本章の背景と目的　45
- 3.2．フィールドの概要　48
  - 3.2.1．本書全体に共通するフィールド　49
  - 3.2.2．2019年度後期「社会学Ⅱ」の概要　50
- 3.3．「全水準の評価練習」の実施方法の具体化　51
  - 3.3.1．パフォーマンス評価の設計　51
  - 3.3.2．全ての水準に対応する典型事例の選出　53
  - 3.3.3．「全水準の評価練習」の具体的な実施方法　54

3.4. 評価基準の理解を促す効果の検討方法　56
 3.4.1. 評価基準の理解を反映した指標　56
 3.4.2. 前年度との対照比較　57
 3.4.3. 統計分析の手続き　59
3.5. 効果の検討結果と考察　60
 3.5.1. 要約統計量　60
 3.5.2. 分析結果　61
 3.5.3. 考察　62
3.6. 本章のまとめと次の課題　63

第4章　「全水準の評価練習」の効果検証 ── 65

4.1. 本章の背景と目的　65
4.2. 方法　66
 4.2.1. 2021年度前期「社会学Ⅰ」の概要　67
 4.2.2. パフォーマンス課題のルーブリックと典型事例　68
 4.2.3. 評価練習の実施方法　71
 4.2.4. 効果を検討する分析方法　73
 4.2.5. 完成稿レポートと両クラスの公平性の担保　76
 4.2.6. 統計分析の手続き　77
4.3. 結果と考察　77
 4.3.1. 分析対象数　77
 4.3.2. 用語の理解を問う確認テスト　77
 4.3.3. 要約統計量と分布　78
 4.3.4. 分散分析の結果　80
 4.3.5. 自己評価の適切さに与える効果に関する考察　81
 4.3.6. 授業準備・実施コストと効果の兼ね合いに関する考察　81
 4.3.7. 最終的な不公平が生じていないことの確認　83
4.4. 本章のまとめ　83

第 5 章　他者視点の獲得を促す効果の高いピアレビューの実施方法 ── 85

- 5.1. 本章の背景と目的　85
- 5.2. 「協議ワークを取り入れたピアレビュー」の実施方法の具体化　88
    - 5.2.1. 2018 年度後期「社会学Ⅱ」の概要　88
    - 5.2.2. パフォーマンス評価の課題指示文とルーブリック　88
    - 5.2.3. ミニ論述の作成とその典型事例を用いた評価練習　89
    - 5.2.4. 期末レポートの典型事例を用いた評価練習　89
    - 5.2.5. 「協議ワークを取り入れたピアレビュー」の実施方法　89
- 5.3. 自己評価の適切さに与える効果の検討方法　91
    - 5.3.1. 指標「自己評価の不適切さ」　91
    - 5.3.2. 統計分析の手続き　92
- 5.4. 分析結果と考察　92
    - 5.4.1. 要約統計量　92
    - 5.4.2. 分散分析の結果　93
    - 5.4.3. 考察　93
- 5.5. まとめと今後の課題　94

第 6 章　「協議ワークを取り入れたピアレビュー」の効果検証 ── 95

- 6.1. 本章の背景と目的　95
- 6.2. 方法　95
    - 6.2.1. 2019 年度前期「社会学Ⅰ」の概要　95
    - 6.2.2. パフォーマンス課題とルーブリック　97
    - 6.2.3. 前提となる評価練習の実施方法　99
    - 6.2.4. 「協議ワークを取り入れたピアレビュー」の実施方法　99
    - 6.2.5. 分析に使用するデータ　100
    - 6.2.6. 自己評価の適切さに与える効果の分析方法　101
    - 6.2.7. 統計分析の手続き　101
- 6.3. 結果と考察　102
    - 6.3.1. 要約統計量　102
    - 6.3.2. 分散分析の結果　103
    - 6.3.3. 考察　104
- 6.4. まとめと今後の課題　106

第7章　自己評価に基づく自律的なパフォーマンス改善に関する検証 ── 109

- 7.1. 本章の背景と目的　109
- 7.2. 分析対象とする授業科目　111
  - 7.2.1. 2019年度後期を分析対象とする理由　111
  - 7.2.2. 2019年度後期の授業科目全体の流れ　112
- 7.3. 分析方法　114
  - 7.3.1. 分析に用いる指標と統計分析　114
  - 7.3.2. 統計分析の手続き　115
- 7.4. 結果と考察　116
  - 7.4.1. 適切群・不適切群の群分け　116
  - 7.4.2. 3要因分散分析の結果　118
  - 7.4.3. 考察　120
- 7.5. まとめ　122

第8章　総括 ── 123

- 8.1. 研究結果を踏まえた教授法の構築　123
  - 8.1.1. 研究結果の整理　123
  - 8.1.2. 自己評価に基づく自律的なパフォーマンス改善を促す教授法　126
  - 8.1.3. 本教授法の実施可能性　128
- 8.2. 本書の意義　129
  - 8.2.1. 大学教育への示唆　129
  - 8.2.2. 学術的新規性　133
- 8.3. 本書の課題と今後の展望　134
  - 8.3.1. 効果検証を行った授業の固有性　135
  - 8.3.2. ルーブリックを使用することの是非　135
  - 8.3.3. 教員からのフィードバックに関する検討　139
  - 8.3.4. 自己評価が適切にならなかった学生の存在　140
  - 8.3.5. 今後の展望　141

おわりに 143
文献一覧 147
初出一覧 155
付録 157
謝辞 181
索引 185

第1章

本書の背景と目的

1.1. 大学教育で育成が期待されるコンピテンシー

1.1.1. 現代社会の特徴

　現代社会は，近代化が徹底された後期近代社会ともいわれ，きわめて複雑化しているとされる[1]．この複雑性(Complexity)に加えて，変動性(Volatility)・不確実性(Uncertainty)・曖昧性(Ambiguity)の高まりに着目して，現代社会の特徴は VUCA と表現されることもある (Fadel et al. 2015, 白井 2020)．このような現代社会の特徴は，人々の生活や職業のあらゆる場面に影響を及ぼすため，人々が取り組むさまざまな課題は，ますます複雑化していくことになる．

　他方で，現代社会におけるあらゆる活動の基盤として，知識やスキルの重要性が高まっている[2]．こういった知識が重要な役割を担うようになった社会は，「知識基盤社会 (knowledge-based society)」とよばれ，「新しい知識・情報・技術が政治・経済・文化をはじめ社会のあらゆる領域での活動の基盤として飛躍的に重要性を増す」(中央教育審議会 2005, p.3) とされる．以前の社会における職業や生活には高度な知を必ずしも必要としなかったが，「知識

---
[1] こういった議論の由来の1つは，Giddens (1990) や Beck (1986) といった社会学者による近代化論であるとみられる．それぞれ再帰性や個人化といった概念で語られるが，ここではそういった議論には立ち入らず，複雑化という表現で現代社会の特徴をまとめた．
[2] こういった知識基盤社会論は，Drucker (1969) や Bell (1973) などの知識経済に関する議論に由来し，それを概念的に拡張したものが知識基盤社会であるとされる (中村・島 2018)．

基盤社会」の特質として「性別や年齢を問わず参画することが促進される」（中央教育審議会 2005, p.3）ことが挙げられるように，一部の人ではなく，多くの人々にとって知を活用することが重要な社会へと移行している．したがって現代社会では，人々はあらゆる活動において，知識やスキルを基盤として活用することが求められる．

以上のように，現代社会の特徴として，人々が取り組むあらゆる活動において，課題の複雑性および知識活用の重要性が高まっていることを挙げることができる．

1.1.2. 大学教育への政策的要求

こういった現代社会の特徴を踏まえて，近年の大学教育政策は，学生が知識やスキルを活用して複雑な課題に応える能力を育成することを大学に求めている．例えば，中央教育審議会（2008）は各専攻分野を通じて培う学士力の内容として，「1. 知識・理解」「2. 汎用的技能」「3. 態度・志向性」に加えて，「4. 統合的な学習経験と創造的思考力」を示した．4. は，「これまでに獲得した知識・技能・態度等を総合的に活用し，自らが立てた新たな課題にそれらを適用し，その課題を解決する能力」（p.13）を指す．すなわち，知識やスキルの習得に留まらず，それらを活用して課題に取り組む能力のある学生を育てることが大学に求められている．これは，知識活用の重要性が高まっていることへの対応として捉えることができる．

さらに，現代社会における課題の複雑性を踏まえ，中央教育審議会（2012）はこれからの社会が予測困難な時代であることを強調し，学士力の要素である「知識や技能を活用して複雑な事柄を問題として理解し，答えのない問題に解を見出していくための批判的，合理的な思考力をはじめとする認知的能力」「想定外の困難に際して的確な判断をするための基盤となる教養，知識，経験」（p.5）などを大学教育で育むことを求めている．

まとめると，知識やスキルを習得するだけでなく活用すること，そして，解が1つに定まるような問題だけでなく，複雑な課題に応えていくことができる学生を育てることが大学に求められているといえる．

1.1.3. コンピテンシーへの着目

このような複雑な課題に知識やスキルを活用して取り組む能力は，コンピテンシーとして捉えることができる．近年，大学教育に関する政策文書でも，これからの人材に必要とされる能力として，OECDの「キー・コンピテンシー」および「変革を起こすコンピテンシー」が参照されるようになった（中央教育審議会 2018）．OECDのコンピテンス[3]は，「知識や（認知的，メタ認知的，社会・情動的，実用的な）スキル，態度及び価値観を結集することを通じて，特定の文脈における複雑な要求に適切に対応していく能力」と定義されている（白井 2020, p.5）．この定義は，前述の現代社会の特徴がよく踏まえられているといえる．

なお，こういったコンピテンシー概念を教育に持ち込むことは，経済的合理性を過度に重視しているという批判も一部にみられる．例えば，OECDが経済発展を目的として設立された組織であったため，OECDの教育関連プロジェクトは「経済に資するための教育という側面が強い」という批判も過去にはあった（白井 2020, p.60）．しかし，現在のOECDは「経済的成長」から「包括的成長」へとミッションをシフトしつつあり，コンピテンス概念も，経済社会の発展のみならず，個人と社会の幸福（ウェルビーイング）の実現も重視して構築されている（Rychen & Salganik 2003, 白井 2020, 松下 2016）．

そこで本書では，コンピテンシーを個人と社会のウェルビーイングの実現につながるものとして捉え，現代の大学教育で育成が期待される能力として着目することにする．コンピテンシーの定義としては，OECDだけでなく欧州評議会や医学教育における議論も踏まえて，コンピテンシーの本質的特徴を抽出した松下（2021）による定義を援用する．すなわち，コンピテンシーとは，「ある要求・課題に対して，内的リソース（知識，スキル，態度・価値観）を結集させつつ，対象世界や他者とかかわりながら，行為し省察する能力」

---

[3] コンピテンスとコンピテンシーに関して，例えば松下（2021）のように，前者を総称的・理論的概念，後者を個別具体的な概念として区別する文献もある．一方で，両者は基本的に同義とする文献もある（奈須 2017, 白井 2020）．本書では，煩雑さを避けてコンピテンシーで統一し，引用に際しては原著の表記にあわせる．

図1-1　コンピテンシーの三重モデル
出典：松下 2021, p.94

(松下 2021) である．これを図示した「コンピテンシーの三重モデル」には，最右に「課題」，最左に「知識」「スキル」がそれぞれ配置されている（図1-1）．

　ここまで確認してきた，複雑な課題に対して人が行為する際に，知識・スキルの活用が必要となることがこのモデルでも表現されており，知識やスキル等を結集することでコンピテンシーが立ち現れると把握することができる．

　以上のような社会的背景を踏まえて本書では，あらゆる課題が複雑化する現代において，個人と社会のウェルビーイングを実現するために必要な能力としてコンピテンシーに着目し，大学教育において学生のコンピテンシーを育成する方法について検討を進めていく．

1.2. パフォーマンス評価への着目

　それでは，コンピテンシーを育成するには，大学の授業において何が必要となるのだろうか．

　コンピテンシーは本質的特徴として行為志向である (松下 2021) がゆえに，学生が行為する機会のない，教員からの一方的な講義のみによって学生のコンピテンシーを育成することは不可能だろう．そのため，現実の世界に存在する「本物の実践」に可能な限り文脈や状況を近づけてデザインされたオーセンティックな（真正の）学習を授業に取り入れることが，コンピテンシー

育成には重要とされている（奈須 2015）．そういったオーセンティックな学習機会について，1980年代後半以降，重要な理論や概念が構築されてきた．以下，本節ではその系譜や考え方を確認したうえで，コンピテンシー育成の機会としてのパフォーマンス評価について述べる．

1.2.1. パフォーマンス評価の系譜

オーセンティックな学習機会に関する議論の重要な契機とされるのは，1980年代後半から，断片的な知識や個別的なスキルのみを問う標準テストへの批判を背景に，知識やスキルを実際の世界で効果的に活用できることを重視した「真正の評価」が提起されたことである（Wiggins 1989）．Wiggins（1998, p.24）の記述から，「真正の評価」とは，「現実の状況を模写したりシミュレーションしたりしながら評価することの重要性を強調する立場である」（西岡 2016, p.20）とされる．その代表的な評価方法としてパフォーマンス評価（Hart 1994）が知られている．パフォーマンス評価とは，「知識やスキルを使いこなす（活用・応用・総合する）ことを求めるような評価方法の総称」（西岡 2016, p.20）である．パフォーマンス評価におけるパフォーマンスとは，「自分の考え方や感じ方といった内面の精神状況を身振りや動作や絵画や言語などの媒体を通じて外面に表出すること，またはそのように表出されたもの」（田中 2008, p.154）とされる．このように表出されたパフォーマンスを評価者が観察することを通して，コンピテンシーのような高次の認知能力を捉えようとするのがパフォーマンス評価の基本的な考え方である．

国内におけるパフォーマンス評価の研究は，初等・中等教育で先行して進められてきた（e.g. 西岡 2003, 松下 2007）．大学教育を対象とした議論では，中央教育審議会（2012）の答申でルーブリックが紹介されたことが一因となり，近年，大学教育研究でもパフォーマンス評価やルーブリックを用いた研究が増加している（星・越川 2020）．なかでも本書では，コンピテンシーとパフォーマンス評価の関係を捉えるうえで斎藤・松下（2021）の「パフォーマンス評価のモデル」（図1-2）を援用する．これによれば，パフォーマンス評価は「評価課題（パフォーマンス課題）と評価基準（ルーブリックが多用される）によって

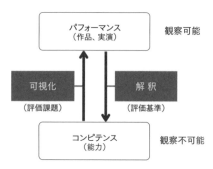

図1-2　パフォーマンス評価のモデル
出典：斎藤・松下 2021, p.76

構成される」(斎藤・松下 2021, p.76)と捉えられる．パフォーマンス課題とは「リアルな状況で，さまざまな知識や技能を総合して使いこなすことを求めるような課題」(松下 2012, p.81)である．このようなパフォーマンス課題に学生が取り組むことで，コンピテンスという観察不可能なものが，パフォーマンスとして可視化される（図1-2の上向きの矢印）．また，ルーブリックとは「パフォーマンス（作品や実演）の質を評価するために用いられる評価基準のことであり，一つ以上の基準（次元）とそれについての数値的な尺度，および，尺度の中身を説明する記述語からなる」(松下 2012, p.82) ものである．可視化されたパフォーマンスを，ルーブリックのような評価基準に基づいて解釈することで，学生が有するコンピテンスの水準を判断することができる（図1-2の下向きの矢印）．

1.2.2.　学習機会としてのパフォーマンス評価

　こういったパフォーマンス評価という用語自体は，近年になって使われるようになったものであるが，大学教育のなかに，パフォーマンス評価に類するものは多く存在する（松下 2012）．レポートやプレゼンテーション，教職や医療の実技演習，卒業制作や卒業論文などの課題を通して行われる評価は，いずれもパフォーマンス評価になりうるものである．

こういった大学教育における評価課題は，「期末レポート課題」といった言葉に象徴されるように学習の最後で実施され，学生がどの程度学習を達成し終えたかを判定する，いわゆる成績づけの機能を持つことが多い．一方で，パフォーマンス評価を，学習の最後ではなくプロセスに積極的に取り入れる考え方も存在する．学習プロセスに統合されたものとして評価を位置づけている Alverno College Faculty（1994）は，「学生が知識や能力をどの程度発達させている途中であるか，それらをさらに発達させるために学生は何をする必要があるかを，学生やその指導者に教えてくれるような評価」(p.2)を「学習としての評価（assessment-as-learning）」と呼んでいる．すなわち，学習の最後だけではなく，途中段階でも評価を実施することで，次の学習をより的確なものにすることができるため，パフォーマンス評価は学習機会として機能しうることとなる．

　パフォーマンス評価が，実際に「学習としての評価」として機能する要因を，授業後の学生に対する質問紙調査に基づき分析した小野ら（2018）は，「明確な評価基準の学生への提示と学生の自己評価」「学習の改善に向けた個別で継続した教員からのフィードバック」を，「学習としての評価」の要因として挙げている（小野ら 2018）．この結果から，学生による自己評価や，教員によるフィードバックを通して，学生のパフォーマンスが改善することの重要性がうかがえる．学生がパフォーマンスを改善しようとするなかで不足している，内的リソース（知識，スキル，態度・価値観）を補う学習に取り組んだり，「不活性」だった内的リソースを「活性化」（奈須 2015）させたうえで結集させたりすることで，コンピテンシーが高まっていくのではないだろうか．

　以上を踏まえ本書では，コンピテンシーを育成するためにはパフォーマンス評価を授業に取り入れることと，そのうえで学生がパフォーマンスを改善することが重要であると捉え，次節ではパフォーマンス改善に関する形成的評価論について概観する．

1.3. パフォーマンス改善のための学生による自己評価

1.3.1. 形成的評価への着目

　学生のパフォーマンスを改善するためには形成的評価が重要となる．一般に形成的評価は「カリキュラム作成，教授，学習の３つの過程の，あらゆる改善のために用いられる組織的な評価」(Bloom et al. 1971, 邦訳 p.162) とされ，カリキュラムや教員の指導を含め広い範囲を指すが，本書では，学習の改善，そのなかでも学生のパフォーマンスを改善するための形成的評価に着目する．

　形成的評価の主な目的は「学習課題の習得の程度を決定することであり，かついまだ習得されていない課題はどの部分かを正確に指摘する」こととされる (Bloom et al. 1971, 邦訳 p.89)．パフォーマンス評価でいえば，学生のパフォーマンスを形成的に評価することで，すでによくできている部分と，改善の余地がある部分を評価者が把握することができる．改善すべき部分を把握することなくやみくもに課題に取り組むよりも，改善すべき部分を把握したうえで再度パフォーマンスを行えば，その質が改善される可能性が高い．したがって，形成的評価はパフォーマンス改善にとって重要と考えられる．

1.3.2. 教員によるフィードバックのみに頼る指導の限界

　学習改善のための形成的評価は従来，主に教員が評価主体となって行うものとして議論されており，その評価結果を教員が学生に伝えるフィードバックを通して，学習が改善するということが期待されてきた．わが国の大学教育においても，学生のパフォーマンスを改善するために教員が学生にフィードバックを提供することは重要な指導方法として位置づいている (e.g. 中島 2018, pp.55-57)．

　だが他方で，近年，教員からのフィードバックのみに頼る指導には問題点や限界が指摘されている．以下，実行可能性，有効性，学生の自律性という３点から，フィードバックのみに頼る指導の問題点を述べる．

1点目は，実行可能性（feasibility）の問題である．実行可能性とは，「入手可能な資源と時間の限度内で，評価対象としなくてはならない人数の子どもたち［学習者］(4)を評価できるかどうかを検討する視点」（西岡 2021, p.93）である．教員から一人ひとりの学生に評価結果をフィードバックするには，その前に全員分のパフォーマンスを評価する必要があるため，それだけの資源や時間を教員が確保できるかが問題となる．

フィードバックの実行可能性に関する問題点について，Hounsell（2007）や Boud & Molloy（2013）といった国外の研究者が指摘している．彼らによると，英国や豪州では，過去数十年の間に急速に高等教育進学率が高まるとともに教員1人あたりの学生数(ST比)がほぼ2倍になったことや，カリキュラムがモジュール化していることを背景に，教員から学生のパフォーマンスへのフィードバックの量が減少しているという（Hounsell 2007, Boud & Molloy 2013）．このように国外では，大学教員が利用可能な時間的資源は限定的であるため，十分なフィードバックが提供できていないことが指摘されている．

わが国についていえば，戦後から現在に至るまで，ST比が顕著に増加したわけではない（小林 1998, 西井 2017）ため，英国や豪州とは背景が異なる．だが，個別の学生のパフォーマンスを評価してフィードバックすることには多くの時間を要する．ルーブリックを用いれば採点時間を節約できるとされることもあるが，これは TA 制度の整ったアメリカの大学や日本の一部の大学にあてはまるもので，丁寧な学習評価を実施してこなかった日本の大学教員にとってはかえって負担が増加する（松下ら 2015）．つまり，ルーブリックの有無によらず個別の学生にフィードバックすることが，教員にとって時間的負担を要するものであることには変わりない．加えて，本書の着目する形成的評価としてパフォーマンスを評価して学生にフィードバックする場合，それを受けて学生が修正・再提出したパフォーマンスを，今度は成績をつけるために総括的評価する必要があり，教員に二重の評価負担が生じる．そのため，わが国においても，教員から学生へのフィードバックには実行可

---

(4) 角括弧［ ］内は筆者による．

能性の点から限界があるといえる．

　2点目は，フィードバックの有効性の問題である．学生にとって，教員から伝達されるフィードバックの意味を理解したり解釈したりすることが難しいため，フィードバックを自らのパフォーマンスの質を高める行動に結びつけることを妨げていると，理論的にも実証的にも指摘されている．

　Sadler（2010）は，教員は学生にフィードバックを伝えるにあたり最善を尽くしているにもかかわらず，多くの学生は伝えられたフィードバックを正しく解読する能力が備わっていないため，適切に理解することができないと論じている．その理由は，教員が学生のパフォーマンスを評価し，フィードバックを記述する際に「課題適合性（task compliance）」「質」「クライテリア」といった背景知識が用いられているため，学生がそれらを理解していなければ，フィードバックの意味も理解できないという点にある．

　実際，Taylor（2011）による理工系の教員・学生に対する調査では，教員が提供したフィードバックのうち，学生がその意味を十分に理解できていたのは約半数に過ぎなかったという．国内でも，坂本ら（2018）は，指導者から学生のライティングに対して与えられるフィードバックについて実験を行い，詳細なコメントを与えた学生群と，詳細ではないコメントを与えた学生群を比較し，学術的な文章作成力の伸びに有意な違いがなかったことを報告している．ここでいう詳細なコメントとは，「文章技能の考え方や修正案，すなわち解説も付与された状態」（坂本ら 2018, p.40）を指す．Sadler（2010）を踏まえて坂本ら（2018）の結果を解釈するならば，文章技能の考え方や修正案を記述した評価者が持つ「課題適合性」「質」「クライテリア」といった背景知識を学生らが十分には持ち合わせていなかったため，その詳細なフィードバックを学習に活かすことができなかったのかもしれない．

　以上のように，教員が労力を割いて学生へフィードバックを提供しても，必ずしも学生のパフォーマンス改善にはつながらないという，有効性に関する問題が指摘されている．

　フィードバックのみに頼る指導の問題の3点目は，学生の自律性である．Sadler（1989）が「もし教員が詳細で矯正的な助言を行い，学生がそれに完

全に従えば，当然，パフォーマンスの改善は生じる．しかしながら，これでは学生は教員に依存したままになってしまう」(p.142) と述べるように，フィードバックのみの指導では，教員からのフィードバックがあれば改善できるがフィードバックがなければ改善できない，という依存的状態になりかねない．Carless et al.（2011）は，学生が将来直面する課題において自己調整的にパフォーマンスできることをサポートするためには，教員から学生に一方向的に伝達するフィードバックでは不十分であるとし，双方向性のある対話や自己評価やピア評価に学生が参加することの重要性を，優れた教員へのインタビュー調査から見出している．つまり，教員から学生へのフィードバックのみに頼る指導では，学生が自分で判断して自律的にパフォーマンスを改善することは難しいということである．

　以上のフィードバックのみに頼る指導の問題点をまとめる．大学教員の限られたリソースのなかで学生のパフォーマンスに個別にフィードバックすることは実行可能性が乏しい．もし労力を割いてフィードバックを提供したとしても，評価に関する背景知識を有しない学生にはフィードバックの意味が理解できずパフォーマンス改善につながりにくいのである．もし仮に，教員からのフィードバックを反映して当該課題のパフォーマンスが向上したとしても，同じコンピテンシーを要する別の課題に学生が直面した際に，教員からのフィードバックがなければ優れたパフォーマンスができないのであれば，コンピテンシーが向上したとはいいがたい．したがって，教員からのフィードバックのみに頼る指導では，1.2.で述べたような，コンピテンシーを育成する機会としてパフォーマンス評価が機能するとはいいがたいだろう．

1.3.3. 学習者を評価主体として位置づける形成的評価論

　教員が評価主体となり評価結果を学生に伝達するフィードバックに関する限界が存在するなか，教師だけでなく学習者を評価主体として位置づける近年の形成的評価論は注目に値する．

　その理論的土台とみられるSadler（1989）は，パフォーマンスを改善するために必要な評価情報を学習者自身が生成するセルフモニタリングを重視

し，セルフモニタリングを促すために学習者の評価エキスパティーズを育成する必要性を論じた．評価エキスパティーズは，

① 目指すべきスタンダード（または目標，または参照水準）を理解すること
② そのスタンダードを実際の（または現状の）パフォーマンスの水準と比較すること

から構成される（p.121）．そして，評価エキスパティーズを育成するための方針として，教師の指導のもとで学習者が評価主体となり，実際に何らかのパフォーマンスを評価する「直接的で真正な評価経験」（p.135）を必要不可欠なものとして位置づけた．このようにして評価エキスパティーズを育成することは，学習者が自分のパフォーマンスの強みと弱みをモニタリングし，強みを伸ばして弱みを修正することの必要条件であるという．このように Sadler（1989）は，学習者のセルフモニタリングを目標に据えた形成的評価論を構築し，その手段として，学習者が評価主体となる経験を通して評価エキスパティーズを育成する指導の重要性を論じた．

その後の数十年を通して，学習者を評価主体として位置づける形成的評価論は，さまざまな他の概念と関連づけられながら発展してきている．大学教育を対象としては，豪州のディーキン大学 CRADLE センター長の Boud 氏は，Boud & Falchikov（1989）と Falchikov & Boud（1989）以降，学生が自分のパフォーマンスを評価する自己評価によって学習を促進することについて，理論と実証の両面から研究を重ねてきた．Boud 氏の率いる研究チームは，上述の Sadler（1989）を，学生が教員から自立する（independent）ために獲得する必要がある力に関する議論の起源として位置づけている（Tai et al. 2018）．そして，そういった学生を評価主体とする形成的評価論は，生涯学習社会を見据えた評価の枠組みと関連づけられた「持続可能な評価」（Boud 2000）や，学生が長期的な学習に主体的に取り組むために不可欠な情報の枠組みと関連づけられた「インフォームド・ジャッジメント」（Boud & Falchikov 2007）のように展開されてきた．加えて，自己調整学習と形成的評価を統合したモデルを構築したり精緻化したりした Nicol & Macfarlane-Dick（2006）や Panadero et al.（2019）のように，教育心理学の概念との関連

づけを試みる研究も存在する．以上のように，学生を評価主体と位置づける形成的評価に関する理論的研究および実践的研究は，大学教育研究のなかに1つの研究領域として発展してきているといえる[(5)]．幅広い展開を見せているなかでも共通するのは，学生自身が自分の学習に責任をもち，よりよいパフォーマンスを生み出すために必要な学習の見通しを持てることを目指しており，そしてその中核に，自分のパフォーマンスを適切に自己評価することが据えられている点である．

　1.3.2. で述べたように，教員が評価主体となり学生にフィードバックすることには問題や限界が指摘されているなかで，学生をも評価主体とすることによって学生のパフォーマンス改善を図るというアプローチは着目に値する．そこで本書では，学生が自分のパフォーマンスを自己評価することで優れた点・改善すべき点を把握し，その自己評価に基づいて自律的にパフォーマンスを改善できるように促すことに焦点を合わせ，論を進めることとする．

　なお，本書でいう自律的なパフォーマンス改善とは，教員からのフィードバックに従ってパフォーマンス改善を行う他律的な状態ではなく，学生が自分自身で判断してパフォーマンスを改善できる状態を指す．先行研究には，類似の意味を指す語として，「自律的な (autonomous)」や「自律性 (autonomy)」を用いる文献 (e.g. 寺嶋・林 2006, 遠海ら 2012, Nicol 2009) と，「自立的な (independent)」という語を用いる文献 (e.g. Sadler 1989, Tai et al. 2018) が混在する．両者は意味的に重なりのある語であるが，それぞれ重視している点が異なるように思われる．本書では，評価基準を理解して自分の内側に取り込み，その評価基準を参照して自分を内側から律することを通してパフォーマンスが改善されることを重視して，「自律的な」という語を用いる．

---

(5) 例えば，論文誌 Assessment & Evaluation in Higher Education には，学生を評価主体と位置づける形成的評価に関連する理論的研究および実践的研究が多く掲載されている．

1.4. 適切な自己評価のための支援

1.4.1. 初学者が適切に自己評価することの難しさ

学生が自己評価に基づいて自律的にパフォーマンスを改善できるように促していくうえで，その自己評価が適切かどうかは重要な論点となっている．

実際，学生がパフォーマンス課題において，適切に自己評価することは容易ではないことを示す調査結果が存在する．例えば，ある初年次科目におけるアカデミック・ライティング能力に関するパフォーマンス課題において，ルーブリックを用いた学生の自己評価は，教員評価よりかなり甘く，かつ，自己評価と教員評価の相関はほぼなかったことが報告されている（斎藤ら 2017a）．解が1つに定まるような課題であれば，正答と自分の解答を比較して自己評価することは容易であるが，パフォーマンス課題のように多様なパフォーマンスがありうる課題では，ルーブリックを用いても適切に自己評価することは難しいのである．

自己評価の難しさに関して，能力やパフォーマンスの低い者は，能力やパフォーマンスの高い者と比較して，自己評価が不適切になる度合いが大きいこと（Kruger & Dunning 1999）が知られている．能力やパフォーマンスが低い者は，過大に自己評価してしまうという問題と，それがゆえに自分の誤りに気づくことができないという「二重の呪い」(Dunning et al. 2004, p.73) にかかっているのである．

以上のように，初年次生や能力の低い者といった初学者にとって，自分のパフォーマンスを適切に自己評価することは困難であるといえる．なお，ここでいう初学者とは，当該コンピテンシーを要する課題に初めて取り組む学生を指す．コンピテンシーやパフォーマンスという面からいえば，当該パフォーマンス課題で必要となるコンピテンシーが，当該授業で獲得が期待される水準ほどには身についていない学生が初学者に該当する．

1.4.2. 自己評価の不適切さは解決すべき問題か

では，こういった初学者における自己評価の不適切さを解決すべき問題として位置づける意義はどのようなものだろうか．

トレーニングによって能力やパフォーマンスが上がるにつれて，自己評価は適切になるという見方もありえる．その場合には，自己評価の不適切さは解決すべき問題とはならないだろう．例えばKruger & Dunning (1999) は，論理的推論スキルに関する課題の自己評価に関する実験において，当初は過大な自己評価をしていた低スコアの学生らは，論理的推論テストのテクニックが書かれたトレーニングパッケージが渡され，10分間取り組んだあとに再度自己評価をすると，適切に自己評価できるようになっていたという結果を報告している．この実験の被験者が解いた論理的推論の課題（いわゆる4枚カード問題）は，真正性のある課題というよりは，文脈を捨象した論理性のみを取り出して成立している問題といえる．こういった知識・スキルの習得のような学習に関していえば，自己評価が不適切であれ，トレーニングを重ねて知識・スキルを習得していくことで成長が見込めるかもしれない．

だが，パフォーマンス課題のような複雑な課題に取り組むことを通してコンピテンシー育成を目指す場合はそう単純ではない．課題に取り組むことをやみくもに繰り返しても，適切な形成的評価がなければ，「行き当たりばったりで能率の悪い試行錯誤の学習（the randomness and inefficiency of trial-and-error learning）」（Sadler 1989, p.120）になってしまう．形成的評価の機能を担う学生の自己評価が的外れなものならば，その後は適切なパフォーマンスの改善に取り組むことができないからである．もしも学生が現状のパフォーマンスを過大に自己評価してしまう場合には，改善は不要であると判断するだろう．逆に過少に自己評価してしまう場合には，すでに優れたパフォーマンスができているにもかかわらず，不必要な改善に時間をかけるだろう．したがって，学生の自己評価の適切さは，自律的なパフォーマンス改善にとって，重要な必要条件といえる．

以上から，パフォーマンス課題を通してコンピテンシー育成を目指すうえで，学生が適切に自己評価できることは重要であるにもかかわらず，初学者に

とって容易でないといえる．これを踏まえて本書では，初学者の学生を対象として，適切な自己評価ができるように支援する方策に焦点を合わせていく．

1.5. 初学者の自己評価において支援を要する2つの困難

初学者が適切に自己評価できるよう支援する方策を検討するにあたり，本節では，自己評価にはどのような困難が存在するのかを確認していく．その際，パフォーマンス課題における自己評価には，1.5.1.で述べるような2つの局面が存在することに着目し，それぞれについて検討を行う．それに関連して，スタンダード・評価基準・質といった用語についても，1.5.1.で整理を行う．そのうえで，1.5.2.および1.5.3.で2つの局面それぞれにおける困難を確認する．

1.5.1. パフォーマンス課題における自己評価の2つの局面

1.3.で述べたSadler (1989) の「評価エキスパティーズ」以外にも，パフォーマンス課題において学生が自己評価に基づいて自律的にパフォーマンス改善を行うために獲得すべきと論じられているものとして，Tai et al. (2018) の「評価ジャッジメント」や，星・越川 (2019) の「自己評価能力」を挙げることができる．以下のように，それぞれの概念は，2つの下位構成要素からなることが読み取れる．

Tai et al. (2018) は，Sadler (1989) を起点とする形成的評価論の系譜を踏まえて，学生が能力を高め，将来的に自立して物事に取り組めるようになるために獲得しておくべきものとして「評価ジャッジメント」を提唱している．「評価ジャッジメント」は「自分や他者の作品（work）の質について決定を下す能力」と定義され，その構成要素は，

①「質は何によって構成されているかを理解すること」
②「自分自身のものであれ，他者のものであれ，作品（work）を評価すること（appraisal）を通してその理解を適用すること」

とされる（pp.471-472）．

この2つの構成要素にみられる理解・適用という関係は，パフォーマンス課題を射程とした学生の自己評価を扱った星・越川（2019）が述べる「自己評価能力」にも共通してみられる．「自己評価能力」とは，

①「評価基準についての理解を確かなものにし」
②「その基準にそって自己の状況を的確に評価できる」

ものであるとされる（星・越川 2019, p.368）．②で適用という語が用いられているわけではないが，理解した評価基準にそって評価するということは，自己のパフォーマンスに評価基準を適用することと同義といえる．

Sadler（1989）の「評価エキスパティーズ」も含めて，表1-1にまとめたこれら3つの概念には，共通して当該課題の評価基準等について，①理解したうえで，②パフォーマンスに適用する，という共通の構造を見出すことができる．つまり，学生が適切に自己評価するために重要な局面として，当該課題においてどのようなパフォーマンスが優れたパフォーマンス（あるいは改善を要するパフォーマンス）とされるのかを理解する局面と，それを自分のパフォーマンスに適用する局面の2つがあると捉えることができる(6)．

表1-1 3つの概念に共通する構造

	構成要素①	構成要素②
Sadler（1989）「評価エキスパティーズ」	目指すスタンダード（または目標または参照水準）を理解する	そのスタンダードを実際の（または現状の）パフォーマンスの水準と比較する
Tai et al.（2018）「評価ジャッジメント」	質は何によって構成されているかを理解する	自分自身のものであれ，他者のものであれ，作品を評価することを通してその理解を適用する
星・越川（2019）「自己評価能力」	評価基準についての理解を確かなものにする	その基準にそって自己の状況を的確に評価できる

注：下線は筆者による

---

(6) Sadler（1989）はこれらの構成要素は順次に生起するものというより，同時に生起するものと捉えている．本書では，授業における初学者の学習プロセスを検討するうえでは，②が生起するよりも前に①が生起することが必要と考えられることから，「局面」という語を用いて，①理解する局面，②適用する局面と整理した．

一方で，これら3つの概念の相違点として，学生が理解したり適用したりする対象が，スタンダード（Sadler 1989）なのか，質（Tai et al. 2018）なのか，評価基準（星・越川 2019）なのかが異なっている点が挙げられる．論を進めるにあたり，ここで用語の整理を行っておきたい．

　まず，Sadler（1989）の用いるスタンダードは，スタンダード準拠評価（Sadler 1987）を踏まえたものとみられる．スタンダードとは「卓越性や達成の明確な水準，あるいはあらゆる質の明確な度合いであり，努力の規定された目標としてみられたり，ある目的にとって適切なものは何かについての認識された尺度としてみられたりする．したがって，権威や慣習や合意によって確立される」（Sadler 1987, p.194）と説明される．スタンダード準拠評価の要点は，学習者のパフォーマンスを評価する際に，「できている・できていない」という二分法ではなく，「どの程度できているか」という水準や度合い，つまりスタンダードを設けて評価する重要性である．コンピテンシーのようないわゆる高次の認知的能力を要する複雑な課題に対する評価では，要素に分解して評価することが必ずしも適切ではないため，スタンダードを設定した評価の枠組みが提唱された．そしてSadler（1989）では，「どの程度できているか」というスタンダードを，学生が理解・適用することの重要性が論じられたと整理できる．

　次に，Tai et al.（2018）の用いる質について検討する．Tai et al.（2018）がこの語を用いているのは，「評価ジャッジメント」概念を提唱するにあたり，Sadler（2010）の議論も踏まえた結果であろう．質とは，「ある作品が，意図された目的を達成するために，全体としてどの程度まとまっている（come together）か」（Sadler 2010, p.544）を意味する．そして，学生が質について理解することは，スタンダードを理解することよりも優先されるべきであることを次のように述べている．「スタンダードは質の連続体において（任意に決定された）固定された区切り（partitions）にあてはめるラベルと考えることができるため，この側面［＝スタンダードに学生が慣れ親しむこと］[7]をより早

---

(7) ［　］内は，筆者による補足．Sadler（2010）における当該箇所の直前の記述（students need to be familiarised with standards）が「この側面」の指示対象であると判断した．

く育てることはしない．学生が最初に掴むべき重要なことは，質それ自体の構成的な本質である」（Sadler 2010, p.546）．つまり，この水準を満たせばＣ評価で，この水準を満たせばＢ評価である，といった固定された区切りについて理解することよりも，パフォーマンスが全体として目的を達成しているかを理解することが優先だという考え方といえる．Tai et al.（2018）は，こういったSadler（2010）の議論を踏まえ，評価ジャッジメントの構成要素に質という語を用いているとみられる．

　最後に，星・越川（2019）の用いている評価基準について検討する．星・越川（2019）は評価基準をどのように捉えているか明示していないものの，評価基準としてルーブリックの使用を念頭に論じていることから，パフォーマンスをどのような観点で評価するのかという評価規準（criteria）と，パフォーマンスがどの程度優れているかという評価基準（standard）の両方を，評価基準として捉えているとみてよいだろう．実際，松下（2012）のように，規準と基準の違いや関係性に関する議論を踏まえたうえで，「本稿では，『規準』と『基準』を区別せず，すべて『基準』で統一する」（p.93）とする文献は少なくない．用語の厳密さを追求すれば，これら両方を指す語としては評価規準・評価基準と併記することになるが，冗長になる．田中（2008, pp.136-137）が，評価規準によって評価することに留まるのではなく，「規準づくり」から「基準づくり」にまで具体化する必要性があると述べていることからも，評価基準という語は，評価規準の存在を前提とするとみてよいことが読み取れる．これらを踏まえ本書では，学生がルーブリックを使いこなすには，評価規準を理解するだけでは不十分で，評価規準である観点に照らしたうえで，どの程度パフォーマンスが優れているかの評価基準まで理解する必要があるという考えに基づき，評価規準を内包したものとして評価基準という語を捉えることとする．

　以上に整理した，スタンダード，質，評価基準の3つのうち，本書では評価基準という語を用いる．その理由は，以下の2点である．

　まず1点目は，質という語を使用しないことに関する理由である．初学者の学生にとって，パフォーマンス全体の質の連続体を理解するよりも，その

分野の専門家である大学教員が教育的意図を持って設定した区切りのあるスタンダードを理解することのほうが容易であると思われる．評価という行為の本質的な原理でいえば，Sadler（2010）の指摘するように，パフォーマンスがどの程度優れているかは連続的なグラデーションであることには同意できる．だが，初学者にとっては，ある作品がどの程度優れているかを検討する際に「グラデーションの中のこのあたり」と認識するよりも，「n 個ある水準のうち m 番目」と認識するほうが捉えやすいのではないだろうか．本書では，当該分野の専門家である大学教員が教育的意図を持って設定した区切りのある枠組みを用いて，学生が評価するほうが容易に馴染むことができ，初学者である学生がスモールステップでパフォーマンスを改善しやすくなる点でもメリットがあるという立場で論を進める[8]．

次に 2 点目は，スタンダードではなく評価基準という語を用いる理由である．スタンダードという語は，日常用語としても教育用語としてもやや多義的であることもあって，「スタンダードを理解する」と表現するとややわかりにくい．また，1980 年代の Sadler（1987, 1989）によるスタンダードと，近年の Sadler（2010）によるスタンダードでは，捉え方がやや異なっている部分がある[9]ため，使用には慎重にならざるを得ない．そこで，同義で別の表現を用いるべく，教育評価論の用語を解説した文献を参照すると，スタンダード（standard）という語は概ね評価基準という日本語と対応しているとされる（e.g. 田中 2008, pp.136-137, 若林 2021, 石田 2021b）．これを踏まえて本書では，スタンダードと基本的に同義のものとして，評価基準という語を用いる．その意味は，『教育評価重要用語辞典』の「評価規準と評価基準」の項（石田 2021b）を参考に，パフォーマンスがどの程度優れているのか，という達

---

[8] 近年の Sadler 氏の所論と本書の立場の違いについては，8.3.2. でも改めて述べる．
[9] 例えば，Sadler 氏の一連の評価論を詳しく検討している石田（2021a）では，Sadler（1989, p.121）における standard (or goal, or reference level) being aimed for の内容を示す際に，「目指すべき質（quality）」(p.4) と記載している．これは，近年の Sadler（2010）による，スタンダードは質の連続体の（任意に決定された）固定点であるという捉え方を踏まえて，Sadler（1989）で表現された「目指すべきスタンダード」は「目指すべき質」と同じ意味内容を指すという判断に基づいていると思われる．

成の度合いや水準を評価基準とする．その水準と水準の間の区切りは，その分野の専門家である大学教員が教育的意図を持って設定するものと捉える．

以上より本書では，学生が自己評価する際には，パフォーマンスがどの程度優れているのか，という達成の度合いや水準を教員が設定した評価基準について，(1) 評価基準を理解する局面，(2) 評価基準を自分のパフォーマンスに適用する局面，という2つの局面があると捉える．以下では，このそれぞれの局面について，学生にとって自己評価が容易ではない理由はどのようなものかを確認していく．

1.5.2. 評価基準を理解する困難

まず，(1) の評価基準を理解するという局面において，学生にとってどのような困難が存在するのだろうか．

Panadero et al. (2016) は，自己評価に関するレビュー論文において，自己評価の対象となるパフォーマンスの専門分野について議論している．初学者の自己評価に関して，「初学者であるがゆえに，学生はその分野における作品の質に関する明確な評価基準を持っておらず，(…中略…) 自分の成果物の質を評価することが困難である」(p.818) という．大学の授業では多くの場合，何らかの専門分野がかかわっており，当該分野の専門家である大学教員が学生のパフォーマンスを評価することになる．その評価において，どういったパフォーマンスがどの程度優れているとされるのかという評価基準は，当該専門分野の知識や慣習の影響を受ける一方，初学者である学生はそういった知識や慣習を知らない状態である．このため，初学者にとって評価基準を理解することが困難になっているのである．

この困難は，評価基準を明示するルーブリックを教員が作成し学生に提示したとしても，十分に解決するわけではないようだ．なぜなら，初年次科目における学生の自己評価が不適切であったと報告している先述の斎藤ら (2017a) の調査は，ルーブリックを学生に提示・解説したものであったからである．こういった傾向は国外でも指摘されている．例えばO'Donovan et al.(2001)は，ルーブリック[10]が提示される授業を受けた学生への調査から，「学生が記述語で使われている専門用語を理解したり，識別したりすることが容易ではなかったことが明らかである」(p.83)とし，学生にとってルーブリックの利点は限定的であると論じている．ルーブリックの記述語の背景にある分野の知識や慣習をまだ獲得していない初学者にとって，記述語の意味を理解することが難しいということであろう．

さまざまな調査結果や議論を踏まえて Hendry et al.(2012)は，ルーブリックは学生が評価基準を理解し，自分のパフォーマンスを改善するための判断を助ける潜在的な力を秘めているが，単にルーブリックを公開するだけでは，その潜在的な利点は実現しないとまとめている．

よって，評価基準を理解するという局面においては，特定の専門分野が背景にあるために，ルーブリックが配付されたとしても評価基準の理解が難しいという困難が存在するといえる．

1.5.3. 他者の視点を踏まえて自己評価する困難

次に，(2)評価基準を自分のパフォーマンスに適用する局面において，どういった困難が存在するのかを確認する．

不適切な自己評価を生じさせる心理学的なメカニズムについて広範な議論を紹介している Dunning et al.(2004)は，多くの人々が自分は平均以上に優秀だと誤解する「平均以上効果」が生じる理由として，情報の不足を挙げて詳述している．そして，教育分野において自己評価の適切さを改善するための教育方法としてピア評価を紹介し，学生がピア評価から恩恵を受ける理由として「おそらく，そのようなフィードバックは，学生が必ずしも自分では気づいていない欠点を知らせてくれるからだろう」(p.89)としている．つまり，自分のパフォーマンスに関する他者視点の情報が不足するゆえ，適切な自己評価が困難になることがあるといえる．このことは，自己評価やピア評価について形成的評価の文脈で論じた Black et al.(2003)が，実際の授業場

---

[10] O'Donovan et al.(2001)が criterion-reference grid と称する表は，外形的にも使用方法としてもルーブリックとみなせる．

面を踏まえて,「ピア評価は,効果的な自己評価に必要な客観性 (objectivity) の発達を助けることができる」(p.53) とまとめていることからも確認できる.

ピア評価がどのようにして自己評価を支えるかを示すモデルを構築した Reinholz (2016) は,特に初学者は客観的な視点 (objective perspective) が欠けているために,初学者にとって自己評価は難しいと論じている.その例としてライティングを挙げ,「初学者のライターにとって(そして比較的熟練したライターでさえ),他者の文章が不明瞭であることを認識することは容易でも,自分の文章が不明瞭である部分を見つけることはしばしば困難である」(p.303) と述べている.他者の視点がなければ自己評価が不適切になるという問題は,特に,課題において求められているパフォーマンスが,他者に何らかの影響を与えようとするものである場合,より一層重要と思われる.Reinholz (2016) が例として挙げたライティングでいえば,文章とはそもそも誰かに何かを伝えるためのものであるため,読者にどのような影響を与えるか,という視点がなければ,自己評価することは難しいはずである.他の例を挙げれば,協働が求められる場面において,自分の行為がチームの他のメンバーに対してどのような影響を及ぼすか,という視点がやはり重要であろう.これらの例に限らず,パフォーマンス課題において発揮することが求められるコンピテンシーでは,《他者との関係》が軸の1つとして位置づけられている(松下 2016, 松下 2021, 図1-1).これを踏まえれば,学生の行為が関係する他者(ライティングの場合でいえば読者,協働が求められる場面ではチームのメンバー)に対して,その行為がどのような影響を与えうるか,という視点が,自己評価において重要な役割を果たすのではないだろうか.

以上をまとめると,パフォーマンス課題において,評価基準を自分のパフォーマンスに適用する際の困難として,特に,他者の視点からの情報の不足を挙げることができ,それがゆえに,初学者が適切に自分のパフォーマンスを認識して自己評価することを難しくするといえる.

1.5.4. 小括

本節では，特に初めて当該分野の課題に取り組む初学者にとって，評価基準を理解することが難しいということに加えて，評価基準を自分のパフォーマンスに適用する際には他者の視点を踏まえることが難しいという 2 つの困難が存在するために，適切に自己評価できないことを述べてきた．この 2 つの困難は，(1) 評価基準を理解する局面，(2) 評価基準を自分のパフォーマンスに適用する局面，というそれぞれの局面に関するものであるため，どちらか一方ができれば必ず他方もできるというわけではなく，別個に検討が必要なものといえる．評価基準に「他者の視点を踏まえて……できること」といったものが存在する場合でも，「他者の視点を踏まえたパフォーマンスとはどのようなパフォーマンスか」を理解することと，自分のパフォーマンスにおいて他者の視点を踏まえることができているかを判断することは，異なる問題として扱うことが適切と思われる．

1.6. 教授法の先行研究に残された問題

それでは，学生が自己評価に基づいて自律的にパフォーマンスを改善できることを促す教授法に関する先行研究は，どのような問題を残しているのだろうか．ここでいう教授法とは，「教師やインストラクターが学習者に対して教える際に用いる方法全般」(稲垣 2012, p.135) を指す．

学生の自己評価に基づく自律的なパフォーマンス改善を促す教授法について，授業実践を通した学術的な検討を行っている先行研究は少なくない (Rust et al. 2003, Hendry et al. 2011, Hendry et al. 2012, Hendry & Anderson 2013, 寺嶋・林 2006, 遠海ら 2012, Nicol et al. 2014, Reinholz 2015, Reinholz 2016, Yucel et al. 2014)．これらのほとんどは，前節で確認した，評価基準を理解することの困難と，他者の視点を踏まえて評価基準を自分のパフォーマンスに適用することの困難という 2 つの困難のうち，どちらか一方にアプローチするものと捉えることができる．例えば，ルーブリックの特定の水準に典型的なパフォーマンスを学生が評価したり議論したりする活動 (Rust et al. 2003, Hendry et al. 2011,

Hendry et al. 2012, Hendry & Anderson 2013）や，自己評価に用いるルーブリックの作成に学生がかかわる活動（寺嶋・林 2006, 遠海ら 2012）を取り入れた教授法は，評価基準の理解にアプローチしたものといえる．他方で，ピアレビュー活動を踏まえて自分のパフォーマンスを評価し，改善点を検討する活動（Nicol et al. 2014）や，ピアと評価し合うだけでなく，お互いにどのような思考を行ったかを説明し合うことを通して得られた見方に基づいて，各学生がパフォーマンスを改善するという一連の活動（Reinholz 2015）を取り入れた教授法は，他者の視点を獲得することにアプローチしたものといえる．

　このように，2つの困難のいずれか片方だけにアプローチする場合，初学者の学生が適切に自己評価することを十分に支援できないという問題が生じる．1.5. で述べたように，評価基準を理解できたとしても，他者の視点を踏まえることができなければ主観的な自己評価に陥りやすい一方，他者の視点を踏まえることができても評価基準を理解していなければ，当該分野では何が求められ，どの程度できていればよいのかがわからず，適切に自己評価することができない．

　したがって，2つの困難の両方にアプローチすることが重要であるが，そういった教授法の先行研究は限定的である．その数少ない先行研究にあたる Yucel et al.（2014）の「DUAL プログラム」では，生物学の初年次科目において，科学的なレポートの評価基準の理解を促すために評価練習（marking exercise）と呼ばれる活動が実施されたうえで，学生の作成したレポートの改善を促すためにピアレビューが実施されている．これは，評価基準の理解と，他者の視点を獲得することの両方にアプローチする教授法といえる．だが，期待に反して，DUAL プログラムを実施した年度の学生は，そうでない年度の学生と比較して，レポートの平均点が統計的有意に低かったことが報告されている．その理由として，Yucel et al.（2014）の考察では，教員によるレポートの採点方法が年度によって異なったことが影響している可能性などが述べられているため，DUAL プログラムが学生のレポートの質に与える効果（ないしは逆効果）についてははっきりとしたことは明らかでない．

　したがって，評価基準を理解することと他者視点を獲得することの両方に

アプローチする教授法に関して，効果のある実施方法は明らかでないという問題が存在するといえる．

1.7. 本書の目的と構成

そこで本書では，コンピテンシー育成を目指す大学の授業において，評価基準の理解と他者視点の獲得という両方から，学生が適切に自己評価できるよう支援することで，初学者の学生が自己評価に基づいてパフォーマンスを自律的に改善することを促す教授法を開発することを目的とする．

その際，授業の設計・実施に有用な知見を得ることを目指して，実際の大学の授業における実践を通して，①教授法の実施方法を具体的に示すこと，②教授法の効果を検討する際に，学生のパフォーマンスを直接的に評価したうえで計量的に効果を示すこと，の2点を重視する．

①については，どのような準備物を用いて，どのような手順で授業を実施するのかを含めて具体的に示すことによって，本書における授業実践とは異なる授業の設計・実施においても実用的な情報を提供することを目指す．

②について，当該研究領域の先行研究では，質問紙やインタビューを通した学生の自己報告に基づいて効果を報告するものも少なくない (e.g. Hendry et al. 2012, Nicol et al. 2014)．そもそもパフォーマンスを自己評価することが難しいことを問題と位置づけている教授法の効果を，学生の自己評価に基づいた間接的な方法で測定することは，妥当性の点で疑問が残る．そこで本書では，学生が自分のパフォーマンスを適切に自己評価できているかや，自己評価に基づいて自律的にパフォーマンスを改善できているかどうかを，直接的な方法で評価する．そのうえで，授業実践における効果を計量的に示すことによって，事例としての参照可能性を高めることを目指す．例えば，学生のパフォーマンスにおいて4点満点のルーブリックで0.5水準分の効果がある，という情報に加えて統計学的効果量（集団内のばらつきを考慮して標準化した効果の大きさ）を示すことで，他の授業実践者が授業で得られたデータと本書の示すデータを比較することが可能となり，授業改善などにつなげること

ができる.

　以上のような目的を達成するために,まず第2章では,学生が評価主体となる評価活動に着目し,関連する先行研究をレビューすることで,開発する教授法に取り入れるべき評価活動を特定する.「(1) 評価基準の理解から適切な自己評価を促す評価活動」「(2) 他者視点の獲得から適切な自己評価を促す評価活動」の2つが本書で開発する教授法の構成要素となる.(1) について,第3章では,評価基準の理解を促す効果がより高いと思われる実施方法を,授業実践を通して具体化し,第4章では,学生の自己評価の適切さに与える影響という点から効果を検証する.他方の(2)について,第5章では,他者視点の獲得を促す効果がより高いと思われる実施方法を,授業実践を通して具体化し,第6章では,学生の自己評価の適切さに与える影響という点から効果を検証する.そして第7章では,(1)(2)を構成要素とする教授法全体の効果を,その後のパフォーマンスの改善という点から検証する.それを踏まえて第8章では,「自己評価に基づく自律的なパフォーマンス改善を促す教授法」を構築する.以上のような本書の第2〜8章の構成を図1-3に示す.

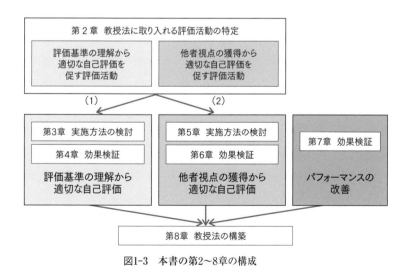

図1-3　本書の第2〜8章の構成

第2章

教授法に取り入れる学生主体の評価活動

2.1. 本章の背景と目的

2.1.1. 学生を評価主体とする評価活動への着目

 本書の目的は，コンピテンシー育成を目指す大学の授業において，評価基準の理解と他者視点の獲得という両方から，学生が適切に自己評価できるよう支援することで，初学者の学生が自己評価に基づいてパフォーマンスを自律的に改善することを促す教授法を開発することであった．これを達成するためには，まず教授法に，どのような学習活動を取り入れる必要があるのかを検討する必要がある．

 その検討の方針として，学生を評価主体と位置づける形成的評価の理論的土台とみられる Sadler（1989）を参照する．第1章でも述べたように Sadler（1989）は，学生が評価主体となり実際のパフォーマンスを評価する「直接的で真正な評価経験」（p.135）を，学生に提供する指導の重要性を論じた．この方針に基づく教授法に関する多くの先行研究では，学生が評価者の立場を経験し，教員や他の学生との対話を通して学ぶことで評価基準を理解したり，他者の視点を獲得することを期待し，学生主体の評価活動に着目している（e.g. Hendry & Anderson 2013, Reinholz 2015）．そこで本書でも，この方針に基づいて，学生主体の評価活動に着目していく．

 なお，先行研究では，学生が適切に自己評価できるように支援する手段と

して，教員から個別の学生へのフィードバックを用いているものもある（e.g. Ajjawi & Boud 2017, 斎藤ら 2017b）．しかし本書では，1.3.2. で述べたように，パフォーマンス改善のためのフィードバックには限界があることを踏まえて教授法の開発を研究目的としているため，学生が適切に自己評価できるように支援する手段としてフィードバックを教授法に含めることは，適当でないと考える．そこで本章では，開発する教授法に取り入れる要素として，教員が評価主体となるフィードバックではなく，学生主体の評価活動に焦点を合わせることとする．

2.1.2. 本章の目的

本章の目的は，学生主体の評価活動を実施している先行研究をレビューすることで，教授法に取り入れるべき評価活動を特定することである．

2.2. 教授法に必要な評価活動とその定義

評価活動に関連する先行研究をレビューするにあたり，まず，どのような評価活動が存在するのかを特定する必要がある．この検討のための土台として，この領域を理論的・実証的に研究している豪州のディーキン大学 CRADLE センターの研究チームによるレビュー論文 Tai et al. (2018) が参考になる．

Sadler (1989) 以降の，学生を評価主体とする形成的評価の理論的系譜を踏まえて評価ジャッジメント概念を提唱した Tai et al. (2018) の特徴は，学生の評価ジャッジメントを育成するためのさまざまな実践について整理している点にもある．これによると，①自己評価，②ピア評価／ピアフィードバック／ピアレビュー [1]，③フィードバック，④ルーブリック，⑤典型事

---

[1] Tai et al. (2018) では，2つ目の教育実践について，Tabel 1 (p.474) の見出しは Peer feedback /- review と併記されている一方，Abstract では peer assessment となっているほか，本文の該当箇所の節見出しは Peer assessment and peer review となっている．3つの用語は区別されていないため，ここでは3つを併記した．

例（exemplar）の5つが評価ジャッジメントを育成しうるとされている．そこで，本節ではこの5つを検討対象として取り上げ，これらのうち，学生主体の評価活動に該当するものを特定する．その条件は，「学生が評価する主体となること」「自律的なパフォーマンス改善を促すために教員が授業に取り入れる活動であること」「その活動ののちに，学生がパフォーマンスに再度取り組んだり，修正したりする機会があること（形成的評価の機能を有すること）」である．これら全てにあてはまるものが評価活動であるとする．また，自律的なパフォーマンス改善を促す学生主体の評価活動として適切な定義の検討も必要に応じて行う．

2.2.1. 自己評価

Tai et al.（2018）は，自己評価を「学生が自分自身の作品を評価すること」（p.473）としている．また，Tai et al.（2018）の共著者でCRADLEのセンター長であるBoud氏は，自己評価とは「学生が自分の作品に適用すべき評価基準や評価規準が何であるかを特定して，それらをどの程度満たしているかを判断すること」（Boud 1991, p.5, Boud 1995, p.12）としている．これらを踏まえつつ，「自律的なパフォーマンス改善を促すために教員が授業に取り入れる活動」という条件にあてはまるよう範囲を限定して，本書では自己評価活動を次のように捉える．すなわち，自己評価活動とは「教員の教授的意図をもった指示により学生が取り組む，評価基準に照らして自分自身のパフォーマンスを評価し，優れた点・改善点を判断する活動」である．そしてこれを評価活動の1つとして捉えることにする．

2.2.2. ピア評価／ピアフィードバック／ピアレビュー

次に，Tai et al.（2018）が，ピア評価／ピアフィードバック／ピアレビューという3つの呼称を併記している活動について検討を行う．これらが何を指すのかについて，Tai et al.（2018）では十分に述べられていない．この活動に関して理論と実践の両面から長期的な研究プロジェクトを牽引したNicol et al.（2014）は，ピアレビューを「学生がピアの作品について評価し，判断

を下したうえで，フィードバックコメントを書いて構築すること」(p.103)としている．つまり，ピアレビューは，ピア評価とピアフィードバックの両方の要素を含む最も包括的な語と捉えることができる．そこで本章では，ピアレビューを検討の対象とする．

Nicol et al. (2014) は書き言葉によるフィードバックに限定しているが，伝達の手段としては話し言葉もありうる．また，自己評価活動同様，評価基準に照らしてピアレビューが行われることが重要である．これらも踏まえて，ピアレビューを「教員の教授的意図をもった指示により学生が取り組む活動であり，学生が評価基準に照らして，ピアのパフォーマンスの優れた点・改善を要する点を判断し，パフォーマンスをした本人に伝達する一方で，自分のパフォーマンスの優れた点・改善を要する点をピアから伝達される活動」とする．そしてこれを評価活動の1つとして捉えることにする．また，ここでいうピアとは，ある学生個人にとって，自分と同じ授業を受講し，同じ課題に取り組んでいる他の受講生のことを指す．

2.2.3. フィードバック

Tai et al. (2018) は，フィードバックをどのように捉えているかは明示していない．「教員」に類する語 (teacher/tutor/staff) を一度も使わずにフィードバックという教育実践を論じている (pp.474-476) が，「対話としてのフィードバック」(p.474) や「学生へのコメント」(p.476) という記述からは，教員が学生のパフォーマンスを評価したうえで，学生に何らかの関与を行うものを想定していることは確かである．本章では，フィードバックは，教員から学生へのフィードバックであると明確化する．すなわち，「教員が学生のパフォーマンスを評価し，優れた点・改善を要する点を判断した結果を，本人に伝達すること」をフィードバックと捉える．これは教員が評価主体であるため，学生主体の評価活動には該当しない．

2.2.4. ルーブリック

ルーブリックとは，「成功の度合いを示す数値的な尺度あるいは評語と，

それぞれの数値や評語にみられる認識や行為の質的特徴を示した記述語からなる評価基準表のこと」(石井 2015, p.45) である．ここからもわかるように，ルーブリック自体は評価活動ではない．評価活動においては，評価基準として用いられるツールである．

それでは，どのような場合に評価活動で用いるツールなのだろうか．

これを検討するために，まず，ルーブリックの特徴を確認しておこう．ルーブリックには「成功の度合い」が設けられているところに，評価者が水準を設定して評価しようとすることが反映されている．評価基準とは「パフォーマンスがどの程度優れているのか，という達成の度合いや水準」であるから，評価基準に照らして評価する際にルーブリックは使用されうるものといえる．そして，各水準には，該当するパフォーマンスの質的特徴が記述語として示されている．この記述語とは，評価者の考える評価基準を言語的手段によって表現したものであり，Sadler (1987) における言語記述 (verbal description) に該当するといえる．言語記述 (verbal description) は，スタンダードを共有化 (promulgate) するための方法の1つとされている．つまり，ルーブリックは，評価基準（スタンダード）を複数人で共有するための方法の1つであり，言語的な手段に頼っている点に特徴がある．

したがって，ルーブリックは，「評価基準に照らして」評価する活動である自己評価活動やピアレビューの際に，評価基準を言語的手段によって確認するために用いられうるツールとして捉えることができる．他方で，言語的手段に頼らなくとも，学生が評価基準を思い出したり，他の手段によって確認したりすることが可能なのであれば，ルーブリックを用いなくとも，評価基準に照らした評価活動は実施可能といえる．

2.2.5. 典型事例

典型事例 [2] (exemplar) とは，パフォーマンスの「質または能力がどの程度優れているかを定めた水準の典型的なものとなるように選ばれた重要な例」(Sadler 1987, p.200) であり，本書でもこれを典型事例の定義として用いる．例えば，文章作成を求めるパフォーマンス課題において「優／良／可／不可」といった水準が設定されているケースでいえば，それぞれの水準に典型的なレポートが典型事例となる．また，プレゼンテーションなど何らかの実演を伴う課題の場合においては，それぞれの水準に典型的な実演が典型事例であるが，こういった実演形式の典型事例を他者に提示する方法としては，実際に目の前でやって見せるほか，実演を録画した映像などを媒体とすることもありうる．

定義からわかるように，典型事例自体は評価活動ではない．典型事例を学生が評価することが評価活動にあたるため，典型事例は評価対象として整理するのが自然である．そういった評価活動を実施している先行研究では，その名称は「評価ワークショップ (assessment workshop)」(Rust et al. 2003)，「評価の授業 (marking class)」(Hendry & Anderson 2013)，「評価練習 (marking exercise)」(Yucel et al. 2014) とさまざまに呼称されている．本書では，学生が課題の遂行や自己評価活動・ピアレビューの前に，あらかじめ評価者の立場にたって評価する練習を行う，という意義を踏まえ，典型事例を評価対象とする評価活動を，評価練習 (assessment exercise) と称することにする．

評価練習の前提として，学生に典型事例を提示する際には，教員による評価（得点やその根拠）は伝えない．また，重要なプロセスとして，典型事例を学生個人が評価するだけでなく，評価結果を踏まえた学生同士の議論や教員からの解説 (guidance) といった，教員・学生間の対話が位置づけられてい

---

[2] Sadler (1987) の exemplar を「作品事例」と和訳する文献もある (石田 2021c). 他にも，ルーブリックの各レベルに対応する典型的なパフォーマンスの事例を指して「アンカー作品」(西岡 2016),「具体的なサンプル（アンカーとも呼称）」(田中 2008),「典型的な作品事例（アンカー作品）」(石井 2015, 石井 2020) とする文献もある．本書では，exemplar を a person or thing serving as a typical example or appropriate model とする Oxford Dictionary of English (3rd edition) および Sadler (1987) の説明に含まれる typical を踏まえ，典型という語を訳に含めることとした．また，パフォーマンス課題におけるパフォーマンスの形式には作品だけでなく実演もあるため，作品に限定しない表現が適切と考え，本書では exemplar を「典型事例」と訳した．

る（To & Carless 2016）．以上を踏まえ，評価練習を「パフォーマンスの典型事例を学生が評価したうえで，評価結果とその根拠を学生同士で議論したり，教員から解説したりすることで，学生が評価基準を理解する活動」とする．評価練習においてもルーブリックは，評価基準を言語的手段によって確認するためのツールとして利用可能である．

2.2.6. 小括

以上から，自律的なパフォーマンス改善を促す評価活動は，（A）自己評価活動，（B）ピアレビュー，（C）評価練習の3つであると整理できた．Tai et al.（2018）の5つの教育実践との関係や，3つの評価活動の定義を表2-1

表2-1　Tai et al.(2018)の5つの教育実践から特定した評価活動とその定義

教育実践	① 自己評価	② ピア評価／ピアフィードバック／ピアレビュー	③ フィードバック	④ ルーブリック	⑤ 典型事例
	↓	↓	評価主体が教員	ツール（表の最下段へ）	↓
評価活動	(A) 自己評価活動	(B) ピアレビュー	(C) 評価練習		
定義	教員の教授的意図をもった指示により学生が取り組み，評価基準に照らして自分自身のパフォーマンスを評価し，優れた点・改善点を判断する活動	教員の教授的意図をもった指示により学生が取り組む活動であり，学生が評価基準に照らして，ピアのパフォーマンスの優れた点・改善を要する点を判断し，パフォーマンスをした本人に伝達する一方で，自分のパフォーマンスの優れた点・改善を要する点をピアから伝達される活動	パフォーマンスの典型事例を学生が評価した上で，評価結果とその根拠を学生同士で議論したり，教員から解説したりすることで，学生が評価基準を理解する活動		
評価対象	本人のパフォーマンス	ピアのパフォーマンス	典型事例		
評価主体	学生				
ルーブリック	評価基準を言語的手段によって確認するためのツールとして用いることがある				

に示す．3つの評価活動は，何を評価対象とするかによって区別される．また，ルーブリックはそれぞれの評価活動において，評価基準を言語的手段によって確認するために用いられることがあるツールであると整理できた．

2.3. 3つの評価活動の利点と課題

それでは，これら3つの評価活動を，授業にどのように取り入れることが有効と考えられるだろうか．本節では，自律的なパフォーマンス改善を促すにあたってのそれぞれの利点と課題を，これら評価活動を実施した実践の報告を含む先行研究を踏まえて整理していく．

2.3.1. (A) 自己評価活動の利点と課題

まず，自己評価活動の利点について述べる．看護実習のあとに形成的評価として学生が自分のパフォーマンスを評価する活動を取り入れた下川原 (2017) は，ほとんどの学生が実習要項の「実習目標」や「実習評価」の内容を意識しながら2週目の実習に取り組むことができていたことを報告している．また，幼稚園教諭養成課程における授業実践を報告した藤井 (2018) は，模擬保育後に実施した自己評価活動において，学生が自分自身の実習を振り返る経験を言語化して発表することで，自分の成長と課題を明確化することができたとしている．このように，自己評価活動の利点は，次のパフォーマンスにおいて改善点を修正しようとするきっかけとなる点にあるといえる．

一方で，自己評価活動の課題として，看護実習の実践後に自己評価活動を実施した丸茂・河部 (2009) は，「初学者である学生は看護観の形成途上にあることから実践時の感覚のままに再構成しやすく，それ故に自分の関心で看護場面の再構成が部分的にな」ってしまうという (p.23)．そして，自己教育につながる自己評価とするには，その看護場面について他者とやりとりを交わすことで，自分ひとりでは見落としていた事実に気づいたり，自分がどこに関心を向けているかを自覚的になったりする必要があるとしている．同様に Reinholz (2016) は，「自分の作品について詳細に判断を下すことは，しば

しば他者の作品を判断することよりも難しい．なぜなら，自己評価における評価者は，作品と『近すぎる』し，距離をとった客観的な視点を欠いているからである」(p.303) としている．したがって，自己評価活動のみでは，自分の視点だけに頼った主観的な自己評価に陥ってしまい，自分のパフォーマンスの優れた点・改善を要する点を適切に把握することが難しいという課題があるといえる．

2.3.2．(B)ピアレビューの利点と課題

ピアレビューは，評価するプロセスと評価を受けるプロセスの両面において利点がある．

まず，ピアを評価するプロセスについて McConlogue (2012) は，質の高いライティングがどのようなものかを，学生がより深く理解できるようになったことを報告している．また，Nicol et al. (2014) は，ピアレビューに取り組んだ学生へのインタビュー調査から，学生は教員の示した評価規準だけでなく，自分自身のパフォーマンスも内的表象に置き，その両方と照らしながらピアを評価することを明らかにしている．つまり，自分自身のパフォーマンスが1つの評価基準となり，「その評価基準に照らしてピアの作品を比較することは，翻って，自分自身の作品を省察することに必然的につながる」(Nicol et al. 2014, p.114) という．これらをまとめると，ピアレビューには，ピアのパフォーマンスを評価するプロセスを通して評価基準をより深く理解したり，それを自分のパフォーマンスに適用したりするきっかけとなるという利点があるといえる．

また，ピアから評価されるプロセスについて Orsmond et al. (2002) は，ピア評価者は作成プロセスとは独立して成果物を客観的に見るので，本人よりも客観的な判断を下すことができる，としている．文章作成課題では，読者の視点を通して自分の文章を見ることを促す (Cho et al. 2010) ことができる．これらのことから，ピアレビューには，ピアから評価を受けるプロセスによって，自分のパフォーマンスを客観的に見た情報を得られるという利点があるとまとめることができる．

一方で課題として，学生がどのようにピアを評価し，フィードバックを提供するかを学ぶトレーニングを欠いたままピアレビューを実施した場合，学習によい影響をもたらすことはできない（Sridharan & Boud 2019）ということが挙げられる．McMahon（2010）は，ピアレビューに焦点を当てた4年間のアクションリサーチを通して明確な評価規準が示されていたとしても，学生がその意味を理解していなければ，適切にピアを評価し，有益なフィードバックを提供することはできないことを見出している．ピアからの評価が誤っていた場合に起きる問題として，自分のレポートは改善の余地があると適切に認識できていたのに，「君のレポートはとてもよくできている」というピアからの誤ったフィードバックを信じてしまい，自分のレポートの改善は不要であると判断してしまった学生の例が報告されている（Yucel et al. 2014）．これらから，ピアレビューの課題として，ピアが評価基準の意味を理解していないと有益なフィードバックにならないこと，ピアからのフィードバックが誤っていた場合，本人が無批判に信じてしまうとパフォーマンスの改善点を見失ってしまうこと，の2点が存在するといえる．

2.3.3.（C）評価練習の利点と課題

評価練習の利点としてRust et al.（2003）は，学生が典型事例を評価し，教員や他の学生と対話することを通して，ルーブリックや教員による解説といった言語的説明で提供される明示的な知識を補完するような暗黙知を含めて，評価基準を教員から学生に共有することができることを挙げている．その結果，評価練習に参加した学生は，対照群と比較して，レポート課題の得点が統計的に有意に高かったことを報告している．同様に，評価練習に関する一連の研究は，学生が評価練習の課題に取り組む際に有益なガイドとなること（Hendry et al. 2011, Hendry et al. 2012），その理由として，評価練習を通して学生がその課題で何が要求されているかを明確に理解できること（Hendry & Anderson 2013）を明らかにしている．これらより，教員の考える評価基準を学生が具体性を伴って理解できるようになること，それにより学生が自分のパフォーマンスの質を高めることができること，の2点を評価練習の利点

としてまとめることができる．

一方，Rust et al.（2003）では，評価練習を実施した群と実施していない群の自己評価の適切さを比較してみると，期待に反して，両群に違いがみられなかったとしている．その理由として，「学生が典型事例に触れることは，自己評価を正確にするというよりも，本当によい作品はどのように見えるのかを捉えたり，作品はどのように改善する余地があるのかを捉えたりするための視野を切り開くのかもしれない」（Rust et al. 2003, p.162）と考察している．すなわち，Rust et al.（2003）は当初，評価基準を理解することと適切に自己評価できることを同一視していたが，調査の結果，適切に自己評価するには，評価基準を理解するだけでは不十分であるということがわかったのであろう．このことから，評価練習の課題として，評価基準を理解できても，それを自分のパフォーマンスにうまく適用できるとは限らない，とまとめることができる．

2.3.4. 小括

以上の3つの評価活動のそれぞれの利点と課題を，表2-2にまとめた．

表2-2 学生の自律的なパフォーマンス改善を促すうえでの3つの評価活動の名称・利点・課題

名称	(A) 自己評価活動	(B) ピアレビュー	(C) 評価練習
利点	・次のパフォーマンスにおいて，改善点を修正しようとするきっかけとなる	・ピアを評価することで，評価基準をより深く理解したり，それを自分のパフォーマンスに適用したりするきっかけとなる ・ピアから評価を受けることで，自分を客観的に見た情報を得られる	・教員の考える評価基準を，学生が具体性を伴って理解できるようになる ・自分のパフォーマンスの質を高めることができる
課題	・自分の視点だけに頼った主観的な自己評価に陥ってしまい，自分のパフォーマンスの優れた点・改善を要する点を適切に把握することが難しい	・ピアが評価基準の意味を理解していないと，有益なフィードバックにならない ・ピアからのフィードバックが誤っていた場合，本人が無批判に信じてしまうとパフォーマンスの改善点を見失ってしまう	・評価基準を理解できても，それを自分のパフォーマンスにうまく適用できるとは限らない

2.4. 評価活動の相補的な活用可能性

以上で明らかになったように,単一の評価活動を実施するのみでは,それぞれに課題がある.そこで本節では,評価活動を組み合わせることで,それらの課題を,それぞれの利点で補い合える可能性について検討する.この検討を通して,初学者を対象とした授業で自律的なパフォーマンス改善を促す教授法に取り入れる要素を特定していく.

2.4.1. ピアレビューの課題を乗り越えるために

ピアレビューには,ピアが評価基準を理解していないと有益なフィードバックにならない,という課題があった.これに対処するために,具体性を伴いながら評価基準を理解できるという評価練習の利点を活用することができる.

ピアレビューの利点には,ピアを評価することで評価基準をより深く理解できるというものもあったが,もともと一定の理解がある学生が,より深く理解できるようになるという意味であることに留意を要する.そもそも評価基準をまったく知らない初学者の場合は,あらかじめ別の手段で指導しておく必要がある.ここで,教員の持つ評価基準を学生に共有することができるのは評価練習のみである,ということに注目したい.これをもたらすのは,教員が典型事例をどう評価するかを解説したり学生と対話したりすることで,教員の考えを共有できるという典型事例に特有の構造である.自己評価活動やピアレビューでは,クラス内の一人ひとりの学生が評価する対象が異なるため,教員が評価結果の誤りを訂正する機会を設けることは難しい.評価練習では,クラス全体で共通のパフォーマンスを対象にして評価し,対話することができる.それゆえ,対話を通して,教員の持つ評価基準についての考えを共有できると考えられる.

よって,図2-1のようにピアレビューの前に評価練習を実施しておくことで,ピアが評価基準を理解したうえで評価できるようになることが期待できる.

第 2 章 教授法に取り入れる学生主体の評価活動　　41

図2-1　ピアレビューの前に評価練習を実施

2.4.2. 評価練習の課題を乗り越えるために

2.3. で整理したように，評価練習によって評価基準を理解できたとしても，それを自分のパフォーマンスに適用することができるとは限らない．学生のなかには，課題遂行プロセスにおいて，評価基準を自ら意識して適用しようとはしない学生も一定数いるであろう．これを補うものとして，自己評価活動を位置づけることができる．自己評価活動の利点は，次のパフォーマンスにおいて改善点を修正しようとするきっかけを学生に与えることができることであった．授業において全員が取り組む学習活動として位置づければ，多くの学生が評価基準を自分のパフォーマンスに適用することができるようになる可能性がある．

よって，図 2-2 のように，評価練習のあとに自己評価活動を実施することで，評価練習を通して理解した評価基準を，自分のパフォーマンスに適用するきっかけを与えることができると期待できる．

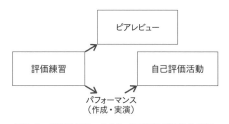

図2-2　評価練習のあとに自己評価活動を実施

2.4.3. 自己評価活動の課題を乗り越えるために

また，自己評価活動にも，自分の視点だけに頼った主観的な自己評価に陥ってしまい，自分のパフォーマンスの優れた点・改善を要する点を適切に把握することが難しいという課題がある．そこで，図2-3のように自己評価活動と同じパフォーマンスを評価対象としてピアレビューを実施することによって，自分を客観的に見た情報を得ることで，自分のパフォーマンスに評価基準をより適切に適用することができるようになる可能性がある．

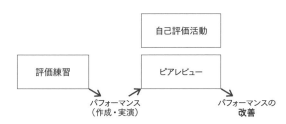

図2-3　自己評価活動と同じパフォーマンスを評価対象にピアレビューを実施

2.4.4. 開発する教授法が含む構成要素

以上から，初学者向けの授業で自律的なパフォーマンス改善を促すには，評価練習と自己評価活動・ピアレビューを組み合わせて授業に取り入れることが適切と考えられる．自己評価活動とピアレビューは同じパフォーマンスを対象として実施することから，「自己評価活動とピアレビュー」で1つの評価活動として捉えることとする．

したがって，本書で開発する教授法は，授業中に実施する評価活動として「評価練習」と「自己評価活動とピアレビュー」の2つを構成要素として含む（図2-4）．また，学生がパフォーマンスを作成したり実演したり改善に取り組んだりするプロセスは，授業中とは限らないため図2-4において点線で囲いつつ，順序を明示するために教授法の構成要素に含めた．

第 2 章 教授法に取り入れる学生主体の評価活動　　43

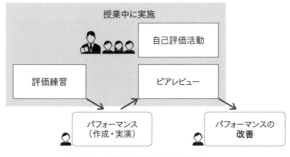

図2-4　本書で開発する教授法

2.5. 本章のまとめと次章以降で取り組むべき課題

　まず，本章の議論を踏まえて，教授法に含まれる2つの評価活動の利点と，先行研究から明らかではない点を確認しておこう．

　評価練習の利点は，教員の考える評価基準を，学生が具体性を伴って理解できるようになるということであった．これは，第1章で述べた，評価基準の理解から適切な自己評価を支えることが期待できるものである．ただし先行研究では，自己評価の適切さを向上させる効果は未検証である．

　自己評価活動とピアレビューの利点を確認する．ピアレビューの利点の2点目は，「ピアから評価を受けることで，自分を客観的に見た情報を得られる」ということであった．これと自己評価活動の利点である「次のパフォーマンスにおいて改善点を修正しようとするきっかけとなる」を組み合わせることで，他者の視点を踏まえた自己評価ができるようになる，ということになるだろう．ピアレビューの利点1点目「評価基準をより深く理解したり，それを自分のパフォーマンスに適用したりするきっかけとなる」は，これを強化するものになるだろう．他者の視点を踏まえた自己評価ができるようになるということは，第1章で述べた，他者の視点の獲得から適切な自己評価を支援することが期待できるものである．ただし先行研究では，自己評価の

適切さを向上させる効果は未検証である．

　以上を，第1章において本書の構成を示した図1-3の言葉でまとめよう．(1)「評価基準の理解から適切な自己評価を促す評価活動」として評価練習が該当し，(2)「他者視点の獲得から適切な自己評価を促す評価活動」として自己評価活動・ピアレビューが該当する．そして，それらが本書で開発する教授法の構成要素となることを，本章の議論を通して特定することができた．

　しかし，それぞれの評価活動について，先行研究には実施方法上の改善の余地を残している．評価練習については，第3章で詳述するように，先行研究では，ルーブリックに存在する水準のうち一部に対応する典型事例を用いているが，全ての水準に対応する典型事例を用いる方法についても検討の余地がある．また，自己評価活動・ピアレビューについては第5章で詳述するように，この2つの活動をどのように関連づけて実施することが効果的なのか，先行研究からは明らかでない．

　そこで第3章以降では，大学の授業における実践を通して，この教授法についてより効果が大きい実施方法の具体化や効果検証に取り組んでいく．

第3章

評価基準の理解を促す効果の高い評価練習の実施方法

 本書で開発する教授法において，評価基準の理解を学生に促すために評価練習を取り入れることを，第2章で述べた．評価練習とは，パフォーマンスの典型事例を学生が評価したうえで，評価結果とその根拠を学生同士で議論したり，教員から解説したりすることで，評価基準の理解を学生に促す活動である．

 評価練習の先行研究における実施方法をみると，以下に述べるように，どのような典型事例を用いるか，という点で検討の余地がある．そこで本章では，評価基準の理解を促す効果がより高いと思われる実施方法の評価練習について，授業実践を通して，具体化と効果の探索的な検証を行う．

3.1. 本章の背景と目的

 評価練習の実施を含む先行研究では，典型事例に加えてルーブリックを教材として用いているものが多い．第2章の議論では，評価練習においてルーブリックを用いることは必須ではないが，「評価基準を言語的手段によって確認するためのツールとして用いることがある」と整理した．評価練習を実施するねらいは，そののちに学生が自分の課題に取り組む際に評価基準を意識することであるから，自分の課題に取り組む際にも言語的手段によってすぐに評価基準を確認できる利便性から，多くの先行研究ではルーブリックを用いているとみられる．

 学生の学習を促すうえで効果的なルーブリックの作成方法については，多

くの文献が存在する (e.g. Stevens & Levi 2013, 中島 2018, 田中 2008, 西岡 2016, 石井 2020). 一方, 典型事例に関しては, どのような典型事例を評価練習に用いることで効果が高まるかは, 十分に議論されていない. これは, 学生が典型事例を評価者の立場となって評価するという手法自体の新しさ (Rust et al. 2003) や, 典型事例を扱う授業中の教員や学生のコミュニケーション (To & Carless 2016) や学生の感じ方 (Hendry et al. 2011) に, 研究の関心が向けられてきたからであると思われる.

どのような典型事例を評価練習に用いるかという視点で先行研究を整理すると, 表3-1 のようになる. これらはいずれも複数の典型事例を評価練習に用いているが, ルーブリックのどの水準に典型的な事例であるかはさまざまである. 最も多くの典型事例を用いている Hendry et al. (2011, 2012) は, 5水準のルーブリックのうち3つの典型事例 (最も優れた水準, 4番目に優れた水準, 最も劣っている水準) を用いているが, 逆にいえば, 2番目と3番目の水準に典型的な事例は存在しない. このように, いずれの先行研究においても, ルーブリックに存在する水準のうち, 一部分の水準に対応する典型事例が用いられていることがわかる.

このような実施方法では, 対応する典型事例が存在しない水準については, 典型事例を評価する経験を通した学習ができないおそれがある. 他方

表3-1 評価練習の先行研究において用いられている典型事例

	ルーブリックの水準数	典型事例
Rust et al. (2003)	5水準	・最も優れた水準 ・4番目に優れた水準
Hendry et al. (2011, 2012)	5水準	・最も優れた水準 ・4番目に優れた水準 ・最も劣っている水準
Hendry & Anderson (2013)	5水準	2つの異なる水準 (何番目かは記述なし)
Yucel et al. (2014)	記述なし	2つ (水準は記述なし)

で，部分的な水準に対応する典型事例を用いた評価練習を実施すれば，そこで扱われなかった水準に関しても学生が推測することによって，全ての水準を理解できる，という可能性もありえる．例えば，ルーブリックのレベル N に対応する典型事例がなくとも，レベル N+1 とレベル N-1 にそれぞれ対応する典型事例を用いた評価練習を実施すれば，この 2 つのレベルの評価基準に関する理解を頼りに推測することで，レベル N の評価基準についても理解できる場合もありうるだろう（図3-1）．だが先行研究では，典型事例が存在しない水準を学生が理解できるかどうかについて言及されていないため，検討の余地が残されているといえる．

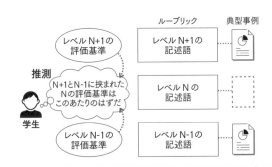

図3-1　部分的な水準の典型事例を用いる評価練習の概念図

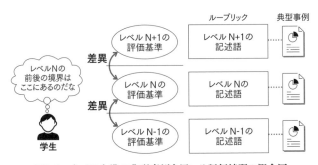

図3-2　全ての水準の典型事例を用いる評価練習の概念図

先行研究と異なる実施方法としては，ルーブリックに存在する全ての水準に対応する典型事例を用いる方法がありうる．そうすることで，ルーブリックの記述語と典型事例の対応関係を通して全ての水準の評価基準を理解できるだけでなく，隣接するレベルとの差異を確認することを通しても，理解を促進できるかもしれない．例えば，レベル N とレベル N+1 の典型事例を比較することで，パフォーマンスがどのように違えば得られる評価も違うのかを，具体的に知ることができる場合があるだろう（図3-2）．同様のことが，レベル N とレベル N-1 についてもいえる．このように，全ての水準の典型事例を用いた評価練習によって，水準間の差異に着目しながら評価基準の理解をより効果的に促すことができるかもしれない．

上述した実施方法のどちらが適切かは，学生の属性にもよるであろう．当該分野のパフォーマンスを，評価に慣れている教員や専門的な学習を重ねている学生であれば，部分的な水準に対応する典型事例があれば十分かもしれないが，本書では初めて当該分野の課題に取り組むような初学者を想定している．初学者を対象としたときに，全ての水準に対応する典型事例を用いた評価練習の具体的な実施方法や，その効果については先行研究から明らかでない．

そこで本章と続く第 4 章において，ルーブリックの全ての水準に対応した典型事例を用いる評価練習（以下，「全水準の評価練習」）について，部分的な水準に対応した典型事例を用いる評価練習（以下，「部分水準の評価練習」）と比較しながら効果を検討していく．本章ではまず，「全水準の評価練習」を授業で実践することを通して，その具体的な実施方法を示すことを目的とする．加えて，そこで得られるデータから効果を検討することも試みる．

3.2. フィールドの概要

本節ではまず，本書全体（第 3 ～ 7 章）に共通するフィールドとなる授業科目の選定と，その概要について述べる（3.2.1.）．そのうえで，本章において評価練習の実施方法を具体化するフィールドについて述べる（3.2.2.）．

3.2.1. 本書全体に共通するフィールド

フィールドの選定にあたっては，本書の目的を踏まえて，条件①初学者を対象としていること，条件②コンピテンシーを育成しようとしている大学の授業科目であること，条件③効果検証にあたって最低限のサンプルサイズを確保できる受講者数が見込めることを重視した．その結果，ある国立大学[1]の学部横断型の教養科目「社会学Ⅰ」（前期開講科目）および「社会学Ⅱ」（後期開講科目）をフィールドとして選定した．期間は，2018年度前期・後期，2019年度前期・後期，2020年度前期・後期，2021年度前期の3年半である．

条件①について，「社会学Ⅰ」「社会学Ⅱ」はともに，社会学を専門としない学生を受講者として想定した，学部横断型の教養科目である．実際，各年度の受講生の70％以上は初年次であり，所属学部はこの大学に存在するさまざまな学部であったことから，ほとんどの学生は社会学の初学者であったとみられる．

条件②について，両科目はともに，社会学的思考法を活用する力というコンピテンシーを，育成することを授業目標としている．両科目の差異について，授業担当教員やシラバスによると，「社会学Ⅰ」は「基礎的なモード」，「社会学Ⅱ」は「実践的なモード」である．これは難易度の違いではなく，後者のほうが，受講生の生活や人生とのかかわりをより重視することを意味する．

シラバス記載の学習到達目標は，「社会学的思考法を用いて，現代のさまざまな社会現象や自分自身の人生・生活の背景にある『しくみ』（社会構造とコミュニケーションの相互作用）を，基礎的な水準で[2]分析し説明できるようになること」である．授業担当教員による講義資料や講義中の説明によると，社会学的思考法とは，コミュニケーションと構造の影響関係に着目する思考方法のことである．ギデンズの構造化理論やルーマンの社会システム理論といった，現代の主要な理論社会学者における社会の捉え方を授業用に簡略化

---

[1] この国立大学は，入試における選抜性の高い大学である．
[2] 「基礎的な水準で」は前期開講科目「社会学Ⅰ」の場合．後期開講科目の場合はこの箇所が「実践的な水準で」に置き換わる．

したものとされる．ここでいうコミュニケーションや構造とは社会学の用語であり，これらの影響関係に着目しながら社会現象の分析・説明を行うことによって，その社会現象の暗黙の前提を指摘したり，それを踏まえた有効な問題解決策を提示したりすることができるとされる（岩田・柴田 2020）．

条件③について，「社会学Ⅰ」「社会学Ⅱ」は例年，数十名の受講生が登録している授業科目である．また，同一教員が担当する，同一内容で実施曜日のみ異なる2つのクラスが開講されている．両クラスのシラバスや授業内容は完全に同じであるため，受講生の特徴や実際の授業の進行にも大きな差は生じないことを確認のうえ，両クラスの受講生全体を分析の対象とすることも可能と判断した．

以上のように，本書の目的に適合する条件①～③を満たすことから，この国立大学の教養科目「社会学Ⅰ」「社会学Ⅱ」をフィールドとした．

授業担当者の協力を得て，筆者はTAとして授業に関与し，本書で開発する教授法を教員に提案し，当該授業の状況を踏まえて合議のうえ，授業で実施した．具体的には，筆者は授業の設計や進行補助，学期末レポートやその草稿の採点補助にかかわった[3]．毎期の授業の第1回もしくは第2回の授業において，TAは当該授業科目を教育学研究の対象としていることを説明したうえで，研究協力の同意書を配付・回収した．

3.2.2. 2019年度後期「社会学Ⅱ」の概要

本章では，「全水準の評価練習」の実施方法を具体化するにあたり，2019年度後期「社会学Ⅱ」の授業実践を対象とする．開講期間は，2019年度10～

---

[3] 採点補助にかかわる際，筆者は社会学の専門性を有しないものの，授業担当者との密な意思疎通のうえで，授業担当者の意図する社会学的思考法を活用した文章作成ができているかという視点で受講生のレポートの下採点や意見伝達を行った．より具体的に筆者と社会学のかかわりを記すと，筆者は教育学を専攻する大学院生であり，社会学の専門的なトレーニングを大学等の正課プログラムとして受講したことはないという点で，社会学の専門性を有していたとは言い難い．一方，当該科目の担当者とは過去に約2年間，非正課の機会を通じて社会学の学習に関する助言や指導を定期的に受けていた時期がある．そういった経緯が背景にあったため，筆者は社会学の専門性というよりは授業担当者の考える社会学的思考法に依拠して採点補助にかかわった．

1月である.

受講登録者数は，木曜クラス54名，金曜クラス40名であった．成績評価は，授業参加40点，学期末レポートの草稿10点，学期末レポート50点という配点であった．授業はオンラインではなく，全て教室における対面で実施された.

「社会学Ⅱ」の学習到達目標は，社会学的思考法を用いて，現代のさまざまな社会現象や自分自身の人生・生活の背景にある『しくみ』（社会構造とコミュニケーションの相互作用）を，実践的な水準で分析し説明できるようになること，である.

3.3. 「全水準の評価練習」の実施方法の具体化

本節では，2019年度後期「社会学Ⅱ」の授業実践を通して，「全水準の評価練習」の実施方法を具体的に示す．「全水準の評価練習」の実施に必要な準備物は，パフォーマンス評価の課題指示文・ルーブリック・典型事例である．まず3.3.1.で課題指示文とルーブリックの設計について述べたうえで，3.3.2.で全水準に対応する典型事例の選出について述べる．そして3.3.3.で授業における実施方法を述べる.

3.3.1. パフォーマンス評価の設計

3.2.2.で述べた学習到達目標を育成・評価するパフォーマンス課題として，レポート課題とルーブリックを設計した.

パフォーマンス課題の設計にあたっては，斎藤・松下（2021）の示すパフォーマンス評価の枠組み（図1-2．再掲）を参考にした．まず，社会学的思考法を活用する力（コンピテンシー）が可視化されるような課題としてどのようなものが考えられるかを授業担当者とTAである筆者が討議した．その際，当該科目が社会学の専門科目ではなく学部横断の教養科目であることと，前期の「社会学Ⅰ」との違いとして「実践的な水準」での分析・説明が学習到達目標として設定されていることを考慮し，学生自身が今後の人生で

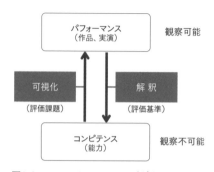

図1-2（再掲）　パフォーマンス評価のモデル
出典：斎藤・松下 2021, p.76

遭遇する可能性のある社会現象を自由に設定し，この社会現象に関して考察することを求めることにした．授業担当者と筆者の討議の結果，図3-3のような課題指示文となった．

そして，このレポートというパフォーマンス（作品）を通して，社会学的思考法を活用する力（コンピテンシー）を解釈するツールとして，図3-3に示すような2観点5水準のルーブリックを作成した．

このルーブリックは，パフォーマンスの質を評価する際の信頼性や比較可能性を確保できるよう，田中（2008, pp.142-144）や西岡（2016, pp.102-104），石井（2020, pp.248-252）を参考に，次のような手順で作成したものである．まず，授業担当者とTAである筆者が，課題指示文と仮ルーブリックを作成した．次に，筆者があえて質が低いレポートや質の高いレポートを作成し，これらを授業担当者と筆者が仮ルーブリックを用いて独立に採点した．採点結果を比較し両者で協議を行い，仮ルーブリックの記述語を修正し，合意に至った．

このパフォーマンス課題とルーブリックは，まず2018年度後期の授業で実施・使用した．学生らが提出した期末レポート課題の採点作業を通して，パフォーマンス課題とルーブリックが，学生の社会学的思考法を活用する力を評価するにあたって妥当なものになっていることを確認した．そのため，特段の修正はせずに，2019年度後期の授業でも使用した．

第3章　評価基準の理解を促す効果の高い評価練習の実施方法　　53

期末レポートの課題指示文

あなたが今後の人生で遭遇しうる社会現象を挙げ，それを構成する構造とコミュニケーションの影響関係を説明した上で，自分が「幸せに生きる」ために自分がその社会現象に関してどのようなコミュニケーションをとることがよいと考えられるか，客観的に論じなさい．幸せの基準は人によって異なるため，何が自分の幸せなのかを明記して，客観的に論じること．(1,000〜2,000字程度)

ルーブリック

	観点1：社会現象の分析	観点2：幸せのための行動の分析
レベル4	レベル3の水準に加えて，報道や日常会話などにおける一般的な説明よりも深い説明によって，読んだ人に新たな認識枠組みを提供するような説明ができている．	レベル3の水準に加え，そのコミュニケーションがもたらしうる負の側面についても考察できている．
レベル3	社会現象における人々のコミュニケーションを規定する構造を書けていて，その構造がどのようなコミュニケーションから形成されるか，説得力のある説明ができている．	自分のコミュニケーションが，構造にどのような影響を与えて，「幸せ」にどのようにつながるのかについて，実際の事例やデータなどを使って客観的な説明ができている．
レベル2	社会現象における人々のコミュニケーションを規定する構造を書けていて，その構造がどのようなコミュニケーションから形成されるかを説明しているが，説得力が低い説明である．	自分のコミュニケーションが，構造にどのような影響を与えて，「幸せ」にどのようにつながるのかについて検討しているが，主観的な説明にとどまっている．
レベル1	社会現象における人々のコミュニケーションを規定する構造を書けていない，もしくは，構造がどのようなコミュニケーションから形成されるかを説明できていない．	自分のコミュニケーションが，構造にどのような影響を与えて，「幸せ」にどのようにつながるのかについて検討していない．
レベル0	構造が説明されていない．	「幸せ」のために自分がとるべきコミュニケーションを書いていない．

図3-3　「社会学Ⅱ」の課題指示文とルーブリック(2018年度後期・2019年度後期共通)

3.3.2. 全ての水準に対応する典型事例の選出

2018年度後期の学生が提出した期末レポートのなかから，ルーブリックのそれぞれの水準に典型的と判断できるものを選出し，典型事例とした．その際，本章の目的に合わせて，ルーブリックの全ての水準に対応する典型事例となるように選出した．

なお，ルーブリックのレベル0は「構造が説明されていない」(観点1)，「『幸

表3-2　各観点・全水準に対応するように選出した典型事例

	観点1	観点2
典型事例 A	レベル4	レベル4
典型事例 B	レベル1	レベル2
典型事例 C	レベル3	レベル1
典型事例 D	レベル2	レベル3

せ』のために自分がとるべきコミュニケーションを書いていない」（観点2）となっているように，レポートにおいて求められている行為がまったくなされていないようなレポートが提出された場合のために設定したものであった．また，2018年度後期に提出されたレポートのなかで，実際にこれらに該当するレポートはほとんどなかったことも踏まえ，本授業の受講生は，初学者で評価練習がなくても，レベル0の理解はできると判断した．

したがって，典型事例を用意すべき水準は，観点1のレベル1～4と，観点2のレベル1～4の合計8つとなる．2018年度後期に学生が提出したレポートは，観点1と観点2でそれぞれ異なるレベルが割り当てられている可能性があるが，いずれにせよ，1つのレポートに対して2つの水準が割り当てられている．よって，用意すべき8つの水準に対して最低4つの典型事例があれば，各観点・全水準を網羅できることになる．

そのような組み合わせを2018年度後期の学生のレポートから探し，表3-2のようなレベルが割り当てられている4つの典型事例A～Dを選出した．これらは各レベルに典型的なレポートであることを授業担当者と確認した．

3.3.3.「全水準の評価練習」の具体的な実施方法

以上のように選出した典型事例を用いて，2019年度後期の第7回の授業で「全水準の評価練習」を実施した．

実施にあたって重視したことの1点目は，学生一人ひとりが自分の評価し

たレベルだけでなく，根拠を他者に説明する機会を設けることである．2点目は，授業時間内に4つ全ての典型事例を1人の学生が評価することは困難であるため，1人が1つの典型事例を評価しつつ，他の典型事例との差異を検討する機会も確保することを重視した．以上の2つの理由から，1人が1つの典型事例を評価する個人ワークに取り組んだうえで4人1グループとなり，各人の評価結果を共有するというグループワークを行うこととした．共有するだけでなく，グループワークに問題解決的要素をもたせるために，「適切な評価のレベルは各典型事例において重複がない」ことを教員から教示したうえで，「各メンバーがつけたレベルが重複する箇所を修正すること」を目指して議論することとした．

より具体的な手順は以下の4つのステップである（図3-4）．学生に配付したワークシートを付録3-1に，各ワークの進め方を説明する際に学生に提示したPowerPointのスライドを付録3-2に示す．

　ステップ①　まず，課題指示文・ルーブリックを見ながら典型事例を評価したりその根拠をメモしたりするためのワークシート（付録3-1）と，4つの典型事例を配付した．典型事例に対して教員はどのように評価するか（以下，適切な評価）はこの時点では学生に示さないようにした．

　ステップ②　学生は4人で1グループとなり，典型事例A～Dのうち1人1つずつ担当して読み，ルーブリックを用いて評価したレベルとそ

図3-4　「全水準の評価練習」の実施手順

の根拠をワークシートに記入した（約15分）．
- ステップ③　適切な評価のレベルは各典型事例において重複がないことを教示した．学生らは自分のつけたレベルとその根拠をグループの他のメンバーに共有し，レベルが重複する箇所を修正することを目指して議論を行った（約20分）．
- ステップ④　教員が各典型事例の適切な評価（レベルとその根拠）を解説した．その際，Wordのコメント機能で根拠を簡単に付した典型事例を配付した（約5分×4）．さらに，学生からの疑問に教員が応答した（約15分）．

3.4. 評価基準の理解を促す効果の検討方法

3.4.1. 評価基準の理解を反映した指標

　以上のように2019年度後期の第7回授業で実施した「全水準の評価練習」が，評価基準の理解を学生に促す効果があるのかを検討する．

　第8回授業において，「全水準の評価練習」で使用した典型事例とは異なるレポートEを配付し，学生がルーブリックで評価するという活動を行った．評価基準を理解している学生は，このレポートEに対する適切な評価結果(観点1は4点，観点2は3点)と同じ評価を行うことができると考えられる．そこで，学生がルーブリックで評価した得点を集計し，適切な評価結果との差の絶対値を指標「学生の評価の不適切さ」として分析に用いる[4]．例えば，観点1を4点，観点2を2点と評価した場合，「学生の評価の不適切さ」は，観点1は0，観点2は1となる．この指標には，学生がどの程度評価基準を理解しているかが反映されており，値が小さいほどポジティブな結果であることを意味する．

　こういった量的な指標を用いて統計分析を行う際には，その指標の信頼性・妥当性を確認することが前提として重要である．本授業科目で使用したルーブリック（図3-3）は，3.3.1.で述べたように，実際のパフォーマンスと

---

[4] 第4章以降で用いる指標「自己評価の不適切さ」については，4.2.4.2.で述べる．

照らし合わせながら複数人の合議により作成したものである．また，2018年度後期の授業で実際の学生のパフォーマンスを評価できることを確認しており，一定の信頼性・妥当性を有するものとして扱うことができる．

また，統計分析において，その指標を間隔尺度として扱うことが可能であればパラメトリック検定を実施することができるが，そうでない場合にはノンパラメトリック検定を実施することになる．田中（2008）は，対応する典型的なサンプルと対応づけながら複数の者が合議によって作成されたルーブリックは，「たんなる『名義尺度（nominal scale）』ではなく『順序尺度（ordinal scale）』さらには『間隔尺度（interval scale）』をめざすものと言えよう」（p.143）と述べている．これを踏まえ，田中（2008）等を参照して作成した本書のルーブリックは間隔尺度を目指したものとして扱い，分析においてはパラメトリック検定を用いることとする．

3.4.2. 前年度との対照比較

2019年度後期のデータを解釈するためには，異なる条件で実施して得られたデータと比較する必要がある．そこで，同じパフォーマンス課題・ルーブリックを用いている前年度（2018年度）後期のデータと比較することにする（図3-5）．

2018年度後期は，期末レポートに先駆けて，社会学的思考法を使って社会現象を200字程度で説明するミニ論述の文章を作成するトレーニングを第3回・第4回・第6回の授業中に計3回実施していた．このミニ論述は，期末レポートのルーブリックの観点1（社会現象の分析）を用いて評価することが可能である．

第3回の授業では，TAが作成したミニ論述の例（レベル3に典型的であると教員が判断したもの）を配付し，学生が評価したうえで教員がレベルと根拠を解説した．以下，これを，「ミニ論述に対する評価練習」とする．その後，第3回の授業では，学生らが自分のミニ論述を作成し，提出した．

提出されたミニ論述のなかから，教員がレベル1に典型的であると判断したものを第4回の授業で配付し，「ミニ論述に対する評価練習」を実施した．

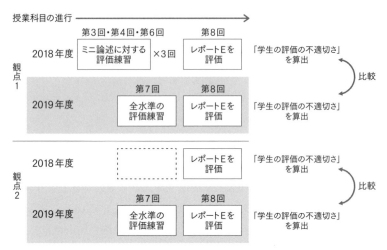

図3-5 2018年度・2019年度の授業進行の相違点とデータの比較

　第6回の授業では，レベル2に典型的なミニ論述を用いて「ミニ論述に対する評価練習」を実施した．

　一方，2018年度は，観点2について第8回の授業までに評価練習は未実施であり，評価基準の理解を促すような学習活動はしていない状態であった．

　このように，第8回の授業開始時点で，観点1と観点2は評価基準の理解度合いが異なる状況であった．この状態で，第8回の授業において，レポートEを評価対象にして評価練習を実施した．レポートEの配付時には，学生に適切な評価を伝えていない状態であり，教員からの解説を聞く前に学生がつけた評価がワークシートに記載されている．つまり，レポートEに対する2018年度後期の「学生の評価の不適切さ」には，観点1については3回の「ミニ論述に対する評価練習」の影響が反映されており，観点2については，評価基準に関する学習をしていない初期状態が反映されている．

　これを利用して，2018年度と2019年度の学生がつけた評価を比較することで，観点1については「ミニ論述に対する評価練習を3回実施するか，全水準に対応した評価練習を実施するか，どちらがより効果的か」，観点2に

ついては「評価練習をしていない状態と比較して，全水準に対応した評価練習を実施すると，学生は評価基準を理解できるようになるか」を検討していく．

ただし，この比較が厳密な比較ではないことには注意を要する．なぜならば，2018年度は内発的な学習動機の高い学生が多く参加していた可能性があるからである．2018年度の成績評価の配点は学期末レポート（100点）のみを評価対象としており，ミニ論述や評価練習を実施した授業回を含め，授業参加は成績評価の対象外であった．一方で，2019年度の成績評価は授業参加40点，学期末レポートの草稿10点，学期末レポート50点という配点であった．したがって，2019年度は授業参加点を得るという外発的な学習動機によって出席している学生が一定数存在する可能性がある．したがって，2018年度と2019年度の比較の厳密性はやや損なわれている．また，第8回の評価練習ののちにも2018年度は評価練習を複数回実施していたため，学生が取り組んだレポートの質や，それに対する自己評価の適切さなどを比較することは困難である．そのため，本章の分析は第8回の評価練習のみを対象として両年度を比較し，効果を検討することとする．

なお，2018年度後期の受講登録者数は，木曜クラス54名，金曜クラス102名であった．また，授業はオンラインではなく，全て教室における対面で実施された．

3.4.3. 統計分析の手続き

分析は，統計処理ソフト R (Ver. 4.1.0) および RStudio (Ver. 1.4.1717) を用いる．分散分析には anovakun 関数を用いる．平均値の差の効果量である標準化平均値差 d (Hedges 1981, p.110) の計算には compute.es パッケージの mes 関数を用い，d として出力されるものを報告する．この効果量の特徴は，平均値の差を標準化することで取りうる値の範囲や，観測されたデータのばらつき度合いの影響を受けない値を得ることができる点にある．したがって，ルーブリック得点の満点や，学生の得点分布が異なる複数の授業実践や授業研究の間で，結果を比較することが可能となる．また，この効果量 d の大

きさを解釈する際には，Cohen (1988) による目安 (0.8 で大，0.5 で中，0.2 で小) を基準として用いる．

なお，参加者内要因における各群（対応のある群）の平均値の差の効果量の算出・報告については，大きく2つの方針があり，研究者の間でもどちらが適切か意見の分かれるところである（大久保・岡田 2012, p.68）．1つ目の方針は，参加者間要因における各群（対応のない群）の場合と同様，d (Hedges 1981, p.110) などを報告することで，対応の有無といった研究デザインによらず，統一的な解釈・比較を可能とする方針である．2つ目の方針は，参加者内要因の各群には一定の相関があることが想定されるため，これを踏まえた計算式である差得点の効果量を算出するという方針である．本章をはじめ本書では，他の研究との比較可能性に加えて，他の授業実践との比較可能性を高めるため，1つ目の方針により d を算出・報告することとする．

3.5. 効果の検討結果と考察

3.5.1. 要約統計量

研究協力の同意を得られた受講生のうち，欠損データを含む者を除いて，2018年度は65名が分析対象となった．同様にして，2019年度は65名が分析対象となった．これらの学生がレポートEを評価した得点と教員による

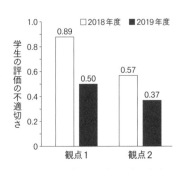

図3-6 「学生の評価の不適切さ」の年度間比較

適切な評価得点の差の絶対値を算出し,「学生の評価の不適切さ」指標を130名分算出した.観点ごとの平均値とグラフを図3-6に示す.観点1,観点2ともに,2018年度より2019年度のほうが「学生の評価の不適切さ」が小さいことが見て取れる.

3.5.2. 分析結果

これらの差の統計的有意性を確認するため,「観点」を参加者内要因,「年度」を参加者間要因とする2要因混合計画の分散分析を行った.

その結果,「年度」の主効果は有意であった($F(1,128)=13.35, p<.001, \eta_p^2=.094$).これは,レポートEに対する「学生の評価の不適切さ」は,2018年度(平均0.73, 標準偏差0.46)よりも,2019年度(平均0.43, 標準偏差0.46)のほうが統計的有意に小さいことを意味する.効果量として標準化平均値差d(Hedges 1981, p.110)を算出すると,$d=0.64$と中〜大の大きさであった.

次に,「観点」の主効果は有意であった($F(1,128)=12.35, p<.001, \eta_p^2=.088$).これは,レポートEに対する「学生の評価の不適切さ」は,観点1(平均0.70, 標準偏差0.65)よりも,観点2(平均0.47, 標準偏差0.60)のほうが統計的有意に小さいことを意味する.効果量d(Hedges 1981, p.110)を算出すると,$d=0.37$と小〜中の大きさであった.

最後に,「年度」と「観点」の交互作用は非有意であった($F(1,128)=2.22, p=.139, \eta_p^2=.017$).

また,観点1における年度比較を行うことで「ミニ論述に対する評価練習を3回」との比較により「全水準の評価練習」の効果を検討することができる.そして,観点2における年度比較を行うことで「評価練習をしていない状態」との比較から,「全水準の評価練習」の効果を検討することができる.そこで,「観点」要因に含まれる各水準(観点1・観点2)の単純主効果検定(水準別誤差項を使用)を実施した.その結果,観点1は2018年度(平均0.89, 標準偏差0.59)よりも2019年度(平均0.50, 標準偏差0.66)のほうが「学生の評価の不適切さ」が有意に小さく($F(1,128)=12.74, p<.001, \eta_p^2=.091, d=0.63$),観点2も2018年度(平均0.57, 標準偏差0.59)より2019年度(平均0.37, 標準偏差0.52)の

ほうが「学生の評価の不適切さ」が有意に小さかった ($F(1,128)=4.26$, $p=.041$, $\eta_p^2=.032$, $d=0.36$).

3.5.3. 考察

単純主効果検定の観点1の比較結果から，2019年度で実施した「全水準の評価練習」は，2018年度で3回実施した「ミニ論述に対する評価練習」よりも評価基準の理解を促したことが示唆される．2018年度においては，3回の実施においてそれぞれ異なる水準に対応する典型事例を用いていたため，ルーブリックに存在する過半数の水準に関して評価練習を実施しているという点では「全水準の評価練習」と似た状況であった．だが，「全水準の評価練習」のほうが，$d=0.63$ という効果量で，評価基準の理解をより促すという違いがみられた．Cohen（1988）による目安（0.8で大，0.5で中，0.2で小）を踏まえると，これは，中〜大程度の違いがあったということになる．その理由として考えられるのは，2019年度は異なる水準の典型事例を同時に見て比較しながらの評価練習であった点である．例えば，レベル1の典型事例と，レベル2の典型事例を同時に評価練習で扱うことで，レベル1とレベル2の差異を理解することが容易になるのかもしれない．具体的に本フィールドのルーブリックでいえば，レベル1の「社会現象における人々のコミュニケーションを規定する構造を書けていない，もしくは，構造がどのようなコミュニケーションから形成されるかを説明できていない」とレベル2の「社会現象における人々のコミュニケーションを規定する構造を書けていて，その構造がどのようなコミュニケーションから形成されるかを説明しているが，説得力が低い説明である」には，コミュニケーションと構造の相互作用のうち，一方向の説明に留まるか，双方向の説明ができているか，という違いがある．このようなルーブリックの記述語で評価基準を学生に伝えることを試みたのは2018年度，2019年度に共通している．さらに，レベル1とレベル2に対応する典型事例を用いた評価練習を行ったという点も，両年度で共通している．だが，2019年度は，実際にそれぞれの典型事例を同時に比較することがグループワークに組み込まれていたという違いがある．すなわ

ち，隣接する水準間の差異に着目しながら評価したり，教員からの解説を受けたりすることで，より深く評価基準の理解が促された可能性が考えられる．

水準間の差異に着目することは，先行研究のように部分的な水準にのみ対応した典型事例を使用した評価練習では困難であることを3.1. で述べた．これは理論的に想定したものであったが，2018年度と2019年度のデータの比較を通して，隣接する水準に対応する典型事例を同時に扱う「全水準の評価練習」の優位性を一定程度実証的に確認することができた．

また，単純主効果検定の観点2の比較結果は，2019年度で実施した「全水準の評価練習」が，評価練習をしていない状態と比較して学生の評価基準の理解を促したことを意味する．この結果から，「全水準の評価練習」には，評価基準の理解を促す効果があることが示唆される．その効果量は $d=0.36$ と小〜中程度の大きさであったが，そもそも2018年度の観点2は「学生の評価の不適切さ」が 0.57 と，観点1よりも適切に評価できている状態であったため，差がそれほど大きく開かなかった可能性がある．2要因分散分析において「観点」の主効果が有意であったことからも，観点2はそもそも学生にとって理解しやすい評価基準であったとうかがえる．

3.6. 本章のまとめと次の課題

第3章では「全水準の評価練習」の実施方法について，授業実践を通して具体化し，効果があると示唆する分析結果を得ることができた．また，その利点として，評価基準の異なる水準間の差異に着目しやすいため，「全水準の評価練習」は評価基準の理解を促進しやすい可能性も示唆された．

また，授業時間内に全ての典型事例を検討することや，問題解決的な要素をもたせることを実現するものとして，個人ワーク・グループワークを組み合わせた実施手順を具体的に示すことができた．

一方で，本章に残された課題として，授業参加の学習動機の成り立ちが2018年度と2019年度では異なる可能性があることや，評価練習で用いた典型事例が異なるため，両年度を比較することによる検証の妥当性は高いとは

いえない点が挙げられる．また，「全水準の評価練習」について，「部分水準の評価練習」との比較や自己評価の適切さに与える影響も検証できていない．

こういった踏み込んだ効果検証のためには，年度をまたいだデータの比較では限界がある．そこで続く第4章では，同一年度において実験群と対照群を設定して，より精緻な効果検証を行うこととする．

第4章

「全水準の評価練習」の効果検証

　第3章では，ルーブリックに存在する全ての水準に対応した典型事例を用いる評価練習である「全水準の評価練習」の実施方法を，具体的に示した．また，学生に，評価基準の理解を促す効果がある可能性を示唆する分析結果を得ることができたが，部分的な水準に対応した実施方法との比較については検討できなかった．さらに，学生の自己評価の適切さに与える影響も検証できなかった．こういった検証のためには，年度をまたいだデータの比較では限界があったためである．

　そこで本章では，同一年度の授業実践において実験群（全水準）と対照群（部分的な水準）を設定して，できる限りそれ以外の条件を共通化することで，より精緻な効果検証を行うこととする．

4.1. 本章の背景と目的

　全水準に対応した典型事例を用いる方法と部分的な水準に対応した典型事例を用いる方法を比較する必要があるのは，評価練習に用いる典型事例の数を多くすれば必ず効果も大きくなるとは限らないからである．

　第3章でも述べたように，ルーブリックに存在する水準のうち部分的であっても，異なる2つの水準に対応する典型事例があれば，その他の水準のパフォーマンスがどのようなものかを学生が推測することができる可能性もある．もしそうであれば，部分的な典型事例であっても，学生は自分のパ

フォーマンスを適切に自己評価することができるだろう．

一方で，全ての水準に対応する典型事例を用いた評価練習によってこそ，隣接する水準の違いを典型事例の違いから具体的に学ぶことができる，という可能性もある．その場合，全水準の典型事例を用いた評価練習を経験した学生は，より適切に自己評価できるだろう．

この2つの実施方法の違いが，学習効果にどのような影響を与えるのか明らかになれば，授業実践者が準備・実施のコストと得られる学習効果のバランスを見据えて授業を設計する際に有益な知見となる．もし仮に学習効果に差がないならば，準備・実施のコストの大きな全水準の典型事例を用いた評価練習を選択する必要はないということになる．先行研究（e.g. Rust et al. 2003, Hendry et al. 2011）は，部分的な水準に対応する典型事例を用いた評価練習を報告しているが，全ての水準との評価練習との比較は行っていないため，どのような典型事例を用いるかの判断に資する知見はみられない．

そこで本章では，評価練習を取り入れた授業実践において，学生の自己評価の適切さに与える効果を実証的に検討する．その際，ルーブリックの全ての水準に対応する典型事例を用いる全水準条件と，一部分の水準に対応する典型事例を用いる部分水準条件で評価練習を実施し，効果にどのような違いが生じるかを検討する．また，両条件の持つ効果に違いがある場合には，その違いの大きさを検討することで，授業実践者が参考にできる知見を得る．

4.2. 方法

実践のフィールドは，2021年度前期「社会学Ⅰ」である．この科目に存在する2つのクラスのうち，一方を全水準条件，もう一方を部分水準条件で評価練習を実施した．

以下，本節では，当該科目の概要，レポート課題のルーブリックと典型事例，評価練習の実施方法，データの取得・分析方法を述べる．また，実験群・対照群を設定することによる不公平が生じないようにしたことも述べる．その概略として，本授業科目の流れと分析に用いるデータを図4-1に示す．

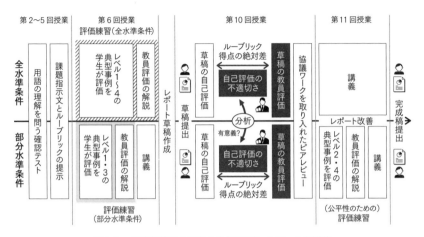

図4-1 本授業科目の流れと分析に用いるデータの概略

4.2.1. 2021年度前期「社会学Ⅰ」の概要

2021年度前期の「社会学Ⅰ」は，2021年度4～7月に開講された．3.2.1.で本書全体に共通するフィールドの概要を述べたように，本科目は，社会学を専門としない初学者を対象とした学部横断型の共通科目であり，社会学的思考法を活用する力というコンピテンシーを育成することを目標としている．

本科目には，授業内容や教員・TAは共通で，実施曜日のみ異なるクラスが2つ存在する．2021年度前期それぞれの受講登録者数は，木曜クラスは36名，金曜クラスは41名であった．

成績評価の配点は，第3章の2019年度後期と同様，授業参加40点，学期末レポートの草稿10点，学期末レポート50点という配点であった．

2021年度前期の本科目は，新型コロナウイルスの感染状況を踏まえて学生が柔軟に授業参加方法を変更できるよう，ハイフレックス型で実施した．ハイフレックス型とは，授業時に学生がオンラインと対面の両方に存在する授業の形態であり，オンライン上の学生と教室にいる学生のいずれに対しても同じ授業内容を提供するもの（田口 2020）である．また，感染拡大期には，教員・学生ともに全員がZoomを用いたオンラインで参加することとなり，

本章で扱う評価練習を実施した5月中旬はその時期に該当した.

本科目の学習到達目標は，3.2.1. で述べたように「社会学的思考法を用いて，現代のさまざまな社会現象や自分自身の人生・生活の背景にある『しくみ』(社会構造とコミュニケーションの相互作用) を，基礎的な水準で分析し説明できるようになる」ことである.

この学習目標に学生が到達できるよう，第2回の授業で社会学的思考法の用語や枠組みを教員が解説したうえで，毎回の授業でディスカッションを通して経験的に学ぶ機会を取り入れた．また，授業の冒頭で実施する確認テストでは，ほぼ全ての回で，社会学的思考法の復習のための小問を設け，「コミュニケーション」「構造」の定義や用法の基礎的な理解を問う問題を出題し，教員の解説により理解の定着を図った．

4.2.2. パフォーマンス課題のルーブリックと典型事例

社会学的思考法についての学習が進んでいくなかで，最も重要な学習活動として位置づけられているパフォーマンス課題が，期末レポートである．学生は，社会学的思考法を用いて，自分で選んだ社会現象を説明するレポートの作成に取り組む．第5回の授業中に図 4-2 の課題指示文・ルーブリック，および付録 4-1 の典型事例（全水準条件のクラスは A 〜 D，部分水準条件のクラスは B と D）を LMS で配付した．各典型事例に A 〜 D という表記からレベルが想像されることのないよう，学生に配付した PDF ファイルには，本書上の表記とは異なる名称をつけた．

これらルーブリックと典型事例は，本章の研究対象である評価練習の教材となる．そこで以下では，これらの作成プロセスと各典型事例の具体的な内容を述べる.

まず，授業担当教員と TA (筆者) の共同作業で課題指示文とルーブリックを作成した．第3章と同様に，課題指示文については，斎藤・松下 (2021) の示すパフォーマンス評価の枠組みを参考に，社会学的思考法を活用する力 (コンピテンシー) が可視化されるような課題としてどのようなものが考えられるかを授業担当者と TA である筆者が討議しながら作成した．

第4章 「全水準の評価練習」の効果検証　　69

期末レポートの課題指示文

1000字以上の新聞記事を1つ選んで要約した上で，そこで扱われている社会現象における「コミュニケーションと構造の相互影響関係」を説明しなさい．選んだ新聞記事よりも深い説明となるように，関連する文献を他に2つ以上参照すること．社会現象，コミュニケーション，構造にあたる部分にそれぞれ下線を引き，…(コミュ1)のように，何に該当するのかを示すこと．字数の目安は1,000〜2,000字程度．

	ルーブリック	典型事例
レベル4	レベル3の水準を満たした上で，当該の社会現象について，一般的な説明よりも深い説明を提示できている（要約した新聞記事か関連する文献との「説明の比較」が書かれていることを条件とする）．	A
レベル3	社会現象における人々のコミュニケーション（コミュ1）を規定する構造（構造1）を客観的に説明しており，さらに，その構造がどのようなコミュニケーション（コミュ2）から形成されるか（コミュ2→構造1→コミュ1）を客観的に説明できている（客観性のために事例・データや他の文献を効果的に用いていることを条件とする）．	B
レベル2	社会現象における人々のコミュニケーション（コミュ1）を規定する構造（構造1）を客観的に説明できている．しかし，その構造がどのようなコミュニケーション（コミュ2）から形成されるか（コミュ2→構造1→コミュ1）の説明は不適切である．説明を試みていたとしても，事例・データや他の文献を効果的に用いることができておらず，客観性が低い説明となっている．	C
レベル1	社会現象における人々のコミュニケーションを規定する構造（構造1→コミュ1）を客観的に説明できていない．説明を試みていたとしても，事例・データや他の文献を効果的に用いることができておらず，客観性が低い説明となっている．	D
レベル0	そもそも社会現象を説明しようとしたレポートになっていない．	

図4-2　期末レポートの課題指示文とルーブリック・典型事例の対応

　この課題指示文とルーブリックをもとに，TA（筆者）がルーブリックのレベル1に典型的な特徴を有するようにあえて質の低いレポートを作成し，典型事例Dとした．その具体的な内容は，ある新聞記事で描かれた「コロナ禍において身体の危険を冒してまで判子を押すために出社するという社会現象」の背景に「デジタル署名という技術を知らない人たちが多数派を占めている」という構造があると述べるものであった．この記述はデータに基づい

ておらず客観性が低いものであり，レベル1に該当する．

　この典型事例Dで対象とした新聞記事と社会現象は変更せずに，TA（筆者）が部分的に改良して質を向上させ，レベル2に典型的な特徴を有するようなレポートを作成し，典型事例Cとした．その具体的内容は，当該社会現象の背景に「印影のある文書が持つ重要な文書っぽさという雰囲気」という構造があることを，新聞記事における情報社会論の専門家の見解を踏まえて客観的に示すものであった．だが，「重要な文書っぽさ」という構造を生み出すのは「判子のあの独特の赤い色」であるとする根拠のない説明に留まっており，レベル2に該当する．

　さらに改良を加えた典型事例Bは，商取引で用いられ始めた判子が，銀行や郵便に取り入れられるなかで制度として確立されていった歴史的経緯を文献に基づいて述べたうえで，そのプロセスをコミュニケーションと構造が何度も強化されていった点から説明するものであり，レベル3に該当する．

　さらに改良を加えた典型事例Aは，歴史的経緯に加えて，押印に伴う「物理的な面倒くささ」が，熟慮と慎重さをもたらす資源としても機能していることを例や引用に基づいて描き出し，対象とした新聞記事よりも深い説明を提示するものであり，レベル4に該当する．

　以上のA〜Dを授業担当教員が採点し，ルーブリックのレベル1〜4にそれぞれ該当することを確認したうえで，授業担当教員とTA（筆者）の協議により微修正を行った．またそのプロセスを通して，ルーブリックの記述語や課題指示文についても改訂を加えた．

　なお，ルーブリックのレベル0は，課題指示文をまったく無視しているようなレポートが該当する水準である．前年度までの同科目において，そういったレポートが提出されることはほとんどなかったことから，典型事例や評価練習は不要と判断した．

　このパフォーマンス課題とルーブリックは，まず前年度（2020年度前期）の授業で実施・使用したものである（岩田・柴田 2020）．その際，学生らが提出した期末レポートの採点作業を通して，パフォーマンス課題とルーブリックが，学生の社会学的思考法を活用する力を評価するにあたって妥当なものに

なっていることを確認した．そのため，特段の修正はせずに，2021年度前期でも使用した．

4.2.3. 評価練習の実施方法

本節では，第6回の授業で実施された評価練習の具体的な実施方法について述べる．木曜日実施のクラスは全水準条件で，金曜日実施のクラスは部分水準条件でそれぞれ評価練習を実施した．

まず，全水準条件の実施方法について述べ，部分水準条件についてはそれと異なる箇所のみ記述する．<u>全水準条件の記述のなかで，下線が引かれている箇所が，部分水準条件と異なる箇所である</u>．表4-1に授業の構成とそれぞれのクラスにおけるおよその所要時間を示す．

表4-1 第6回授業の構成とおよその所要時間

授業の構成	全水準条件のクラス	部分水準条件のクラス
諸連絡	5分	5分
評価練習のねらいと流れの説明	5分	5分
（グループワーク）アイスブレイク・典型事例の担当決め	5分	5分
次のワークの指示	4分	4分
（個人ワーク）典型事例の評価入力	6分	6分
（グループワーク）各評価の共有・調整	<u>20分</u>	<u>10分</u>
教員からの解説	<u>25分</u>	<u>15分</u>
質問対応	<u>15分</u>	<u>10分</u>
講義	－	<u>25分</u>
振り返りシート入力	5分	5分
合計	90分	90分

なお，新型コロナウイルスの感染拡大状況を受けて，Zoomを使用した同期双方向のオンラインで実施し，グループワークにはブレイクアウトルーム機能を用いた．

全水準条件のクラスでワークシートとして用いたGoogleフォームを付録4-2に示す．Googleフォームの説明欄に，評価練習の目的や進め方を記載し，Zoomの画面共有機能を用いて，学生に説明を行った．

4.2.3.1. 全水準条件の評価練習の実施方法

前回（第5回）の授業中に，次回授業までの事前学習として，4つの典型事例A～Dを読むことを学生に求めた．それぞれの典型事例が対応するレベルは学生に伝えていない．

第6回の授業開始後，まず教員とTAからこの評価練習のねらいや流れを説明した．学生らは4人1グループでZoomのブレイクアウトルームに分かれて，アイスブレイクと各自が扱う典型事例の担当決めを行った．担当は重複しないよう1人1つの典型事例を決めるように指示した．

次に，Zoomのメインルームにて，典型事例の評価レベルは重複がないことを伝えた．自分の担当する典型事例について「ルーブリックのどのレベルに該当すると考えるか」「そう考える根拠」をオンライン上のワークシートに6分間で入力するよう指示した．

その後，先ほどと同じブレイクアウトルームに分かれて，20分間のグループディスカッションを実施した．その手順については，「まずは，自分がつけたレベルとその根拠を順番に報告してください．レベルが重複しているところは，どちらか，あるいは両方が間違っているということなので，それを解消するべく，グループで検討してレベルを調整してください．重複がない場合でも，『その根拠は正しいか？』など，より正確な評価となるよう，話し合ってください」と指示した．

学生らはZoomのメインルームに戻ったあと，Googleフォームに，グループで話し合った結果の4つの典型事例の評価（レベルのみ）を入力し，送信した．

その後，教員から正しい評価結果を解説した．その際，Wordのコメント

機能で解説を付与した典型事例を Zoom の画面共有機能で学生に示しながら説明を行った．学生からの質問への対応も行った．

授業終了後，解説コメントを付した典型事例を LMS で配付した．

4.2.3.2. 部分水準条件の評価練習の実施方法

全水準条件と異なる点は以下の通りである．

- 部分水準条件では，レベル 1 とレベル 3 に対応する 2 つの典型事例（B と D）を用いた．
- 事前学習として，典型事例 B と D を読むことを求めた．
- 評価練習では，2 人 1 グループでブレイクアウトルームに分かれた．
- ディスカッション時間は 10 分間であった．
- その手順の指示は「まずは，自分がつけたレベルとその根拠を順番に報告してください．次に，本当にそのレベルと根拠で正しいかを 2 人で検討し，より正確な評価となるよう，話し合ってください．」であった．
- 学生らは Zoom のメインルームに戻ったあと，Google フォームに，ペアで話し合った結果の 2 つの典型事例の評価（レベルのみ）を入力し，送信した．

扱う典型事例の数が少ない分，グループディスカッションと教員からの解説・質問対応が短時間で済む．残りの講義時間の約 25 分間は，教員からの講義（内容は少子化に関するトピック）を行った．

4.2.4. 効果を検討する分析方法

本章の目的は，以上の 2 条件を比較し，その学習効果の違いを，自己評価の適切さの点から検討することであった．

評価練習の実施方法以外は両クラスの授業は共通であるため，自己評価の適切さについて両クラスに差が生じていれば，評価練習の実施方法の違いが影響を与えていると考えてよい．

4.2.4.1. 両クラスの学生の初期状態の確認

前提として，両クラスの初期状態に差が生じていないことの確認を要する．そこで，4.2.1. でも述べた，毎回の授業冒頭で実施した確認テストにおける第2～5回の得点率を用いて，両クラスの平均点に有意差がないことを確認する．この確認テストは，社会学的思考法の基礎的な用語を理解しているかを確認するものである．これらの用語の理解は，学生がルーブリックで自己評価したり，レポートを作成したりするにあたり前提となる．したがって，確認テストに有意差がなければ，初期状態に差がないとみなせる．

4.2.4.2. 自己評価の適切さに与える効果

学生らは，第6回授業の評価練習のあと，レポートの草稿の作成に取り組み，草稿の提出期限である第10回の授業日までに提出した．その際，ルーブリックを用いて草稿に対する自己評価（得点とその根拠）を併せて提出するよう指示された．

この自己評価の適切さを両条件で比較するため，以下のような手続きで指標化した．

自己評価の適切さに関する先行研究の多くは，適切な評価の基準として教員評価を利用するために，その妥当性・信頼性を高めたうえで，自己評価との乖離が小さいほど適切な評価であるとしている．これらを大別すると，① t 検定を用いる等，教員評価と自己評価の差分に着目する方法（e.g. Rust et al. 2003, Boud et al. 2013, Boud et al. 2015, 斎藤ら 2017a, 斎藤ら 2017b, 丹原ら 2020）と，②相関係数 r を用いる等，教員評価と自己評価の相関を指標とする方法（e.g. 斎藤ら 2017a）があるといえる[1]．斎藤ら（2017a）では，①，②の両方を用いたうえで，「絶対的にも相対的にも，教員の評価と学生の自己評価はずれている」（p.159）と解釈している．

---

(1) 自己評価の適切さではなく，ピア評価の適切さに関する先行研究も同様に，教員評価との相関を指標とするものと，教員評価との差分を指標とするものに大別できる．例えば，ピア評価に関する15の研究をレビューしたAshenafi（2017, pp.236-242）のTable1からもそのことが読み取れる．

本書では，次のような理由から，①の方法で自己評価の適切さを捉えることとする．②の方法では，相関が強ければ強いほど，教員と学生が同じように評価しているということを一定程度反映しているが，仮に全学生が，教員評価よりも2点高い自己評価をしていた場合に相関係数が1という最大値になることからわかるように，学生の自己評価の適切さを捉えきれないケースがある．一方で，①の方法では，教員評価と自己評価の差分が0に近ければ近いほど，教員と学生が同じように評価しているということを反映する．全学生が，教員評価よりも2点高い自己評価をしているケースでいえば，その差分は全員2ということになり，自己評価の適切さには改善の余地があることが示される．加えて，①の方法を用いることで，個々の学生において自己評価の適切さを指標とすることができるため，自己評価が適切な学生のみを取り出して，詳しい分析を行ったり，学生の持つ他の属性（例えば確認テストの得点）とあわせて対応ありデータとして用いて統計分析の検出力を高めたりすることができるというメリットもある．②の相関係数は，教員評価と自己評価の相関関係が示されるのみであるため，こういった踏み込んだ分析に用いることは難しい．したがって本書では，①の方法を用いることにする．

　具体的にはまず，ルーブリックで採点した教員評価を，学生のパフォーマンスの質の高さを反映した指標とする（4点満点）．教員評価を絶対的に正しいとみなすことは危険であるが，2018年度以降継続して当該授業科目にかかわっているTA（筆者）による下採点と，授業担当教員による本採点という，一定の鑑識眼を有する複数人による採点と調整を経た得点であることから，本フィールドにおける教員評価得点は適切な評価とみなせると判断した[2]．

　次に，自己評価の適切さを反映した指標として，教員評価得点と，自己評価得点と差の絶対値を「自己評価の不適切さ」とした．この「自己評価の不適切さ」は0以上の値をとる反転指標であり，値が小さく0に近いほど，適切に自己評価できることになる．クラス全体の状況を把握したい場合には，

---

[2] このルーブリックを用いた得点を間隔尺度として扱うことについては，3.4.1. を参照．

「自己評価の不適切さ」の平均値と標準偏差を算出したり，度数分布を示すグラフを作成したりする．

また，4.2.1.でも述べた社会学的思考法の用語の理解を問うた確認テスト（第2～5回）の得点率も分析に用いる．この得点率が高い順から，学生数が概ね均等になるように，高位・中位・低位と3分する．

以上を用いて，評価練習の実施方法（全水準条件／部分水準条件）を要因1，「用語の理解度」（高位／中位／低位）を要因2，「自己評価の不適切さ」を従属変数とする参加者間2要因分散分析を行う．

主たる検討は要因1の有意性であるが，要因2を加えるのは，分散分析の検定力を高めるためである（南風原 2002, pp.292-294）．また，もしも要因2の主効果や両要因の交互作用が有意となれば，ルーブリックに含まれる用語の理解が，自己評価にもたらす影響を考察することができるため，より実践的な示唆を得ることも期待できる．

4.2.5. 完成稿レポートと両クラスの公平性の担保

両クラスの学生ともに，第10回の授業で自己評価活動とピアレビューに取り組み，自分の草稿レポートをどう改善すべきかを見出した．その後，学生らは授業時間外に草稿の修正を行い，最終提出期限である第12回の授業日までに完成稿レポートを提出した．

本章の研究目的のために，一方のクラスでは全水準条件（典型事例A～Dを使用），他方のクラスでは部分水準条件（典型事例B・Dを使用）でそれぞれ評価練習を実施したが，このままでは同一科目の異なるクラス間で不公平が生じうる．そこで，授業科目全体を通しての学習経験に大きな差が生じないように，本章の分析に要するデータの取得完了後の第11回の授業で，部分水準条件のクラスでは，残りの2つの典型事例A・Cを用いた評価練習が実施された（図4-1）．もう一方の全水準条件のクラスでは，教員からの講義（内容は少子化に関するトピック）が行われた．このように，第11回の授業が終了した時点で両クラスの学生は，典型事例A～D全ての評価練習を経験した状態とすることで，公平性を担保した．

本章の分析の最後に，実際に学習成果に偏りが生じていないかを確認するため，完成稿レポートの教員得点を比較する．

4.2.6. 統計分析の手続き

第3章と同様，分析は以下の手続きで行う．統計処理ソフトはR (Ver. 4.1.0) およびRStudio（Ver. 1.4.1717）を用いる．分散分析にはanovakun関数を用いる．平均値の差の効果量である標準化平均値差 d（Hedges 1981, p.110）の計算にはcompute.esパッケージのmes関数を用い，d として出力されるものを報告する．この効果量 d の大きさを解釈する際には，Cohen（1988）による目安（0.8 で大，0.5 で中，0.2 で小）を基準として用いる．

4.3. 結果と考察

4.3.1. 分析対象数

研究協力に同意した学生のうち，データ欠損のない学生67名（全水準条件30名，部分水準条件37名）のデータを分析対象とした．

4.3.2. 用語の理解を問う確認テスト

第2〜5回に実施した社会学的思考法の用語に関する確認テストの得点率は，全水準条件の平均が83.7%，部分水準条件の平均が82.4%であった．対応なし t 検定で有意差がない（$t(65)=0.429, p=.669, d=0.11$）ことから，両条件の初期状態は同程度と考えてよい．

全水準条件30名，部分水準条件37名がおおまかに3分されるように，得点率80%未満を低位（全水準条件10名，部分水準条件13名），80%以上90%未満を中位（全水準条件10名，部分水準条件11名），90%以上を高位（全水準条件10名，部分水準条件13名）とした．以下，この低位・中位・高位を「用語の理解度」とする．

4.3.3. 要約統計量と分布

まず，おおまかな傾向をつかむために，各指標の要約統計量（表4-2）を確認する．全水準条件の学生は，「草稿の教員評価」の平均は2.10であるのに対して，「草稿の自己評価」の平均は2.77と過大に自己評価していた．他方，部分水準条件の学生は，「草稿の教員評価」の平均1.70に対して，「草稿の自己評価」の平均2.68とかなり過大に自己評価していた．

各学生について指標「自己評価の不適切さ」を算出すると，全水準条件は平均0.80であるのに対して，部分水準条件は平均1.24であった．この指標は小さい値であるほど，学生は適切な自己評価をしていることを示すため，全水準条件のほうが，0.44の差でポジティブな値となっている．この差の統計的有意性は次の分析で検定される．

また，「自己評価の不適切さ」の分布（図4-3）からは，全水準条件のピークは0（47%）にある一方，部分水準条件のピークは1（54%）にあり，教員の評価により近い自己評価ができている学生の割合が，全水準条件のほうが多い傾向が見て取れる．この傾向は「用語の理解度」ごとに集計した分布でも同じであった（図4-4）．

表4-2 要約統計量（上段：平均値，下段：標準偏差）

	N	確認テストの得点率	草稿教員評価	草稿自己評価	草稿「自己評価の不適切さ」	完成稿教員評価
全水準条件	30	83.7 (13.8)	2.10 (1.03)	2.77 (0.77)	0.80 (0.92)	2.43 (1.04)
部分水準条件	37	82.4 (11.9)	1.70 (0.81)	2.68 (0.71)	1.24 (0.76)	2.41 (1.01)
全体	67	82.9 (12.7)	1.88 (0.93)	2.71 (0.73)	1.04 (0.86)	2.42 (1.02)

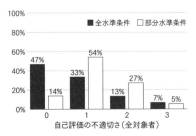

図4-3 「自己評価の不適切さ」の分布 (全対象者)

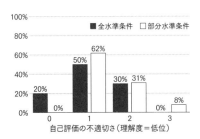

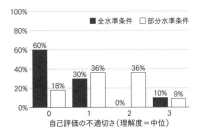

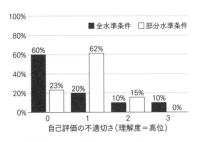

図4-4 「自己評価の不適切さ」の分布 (用語の理解度ごと)

4.3.4. 分散分析の結果

「評価練習の実施方法」(全水準条件/部分水準条件)を参加者間要因1,「用語の理解度」(高位/中位/低位)を参加者間要因2,「自己評価の不適切さ」を従属変数とする2要因分散分析の結果を述べる.

まず,「評価練習の実施方法」の主効果は5％有意であった ($F(1,61) = 4.835$, $p=.032$, $\eta_p^2=.073$). 全水準条件(平均0.80, 標準偏差0.92)と部分水準条件(平均1.24, 標準偏差0.76)の標準化平均値差は$d=0.53$と中程度だった. 図4-5からも,「自己評価の不適切さ」は, 部分水準条件よりも全水準条件のほうが小さい値となっているとわかる. この指標は小さい値であるほど教員評価に近い自己評価ができている状態を示す. つまり, 学生がルーブリックを用いて適切に自己評価できるためには, ルーブリックのレベル1・レベル3の典型事例を用いた評価練習よりも, レベル1～4の典型事例を用いた評価練習のほうがより効果が高いと考えられる.

また,「用語の理解度」の主効果は非有意であり ($F(2,61)=1.846$, $p=.167$, $\eta_p^2=.057$), 交互作用も非有意であった ($F(2,61)=0.615$, $p=.544$, $\eta_p^2=.020$). つまり, ルーブリックの用語の理解は, 自己評価にあまり影響を与えず, 用語の理解が十分な学生であれ不十分な学生であれ, 部分水準条件よりも全水準条件の評価練習が効果的であるということになる.

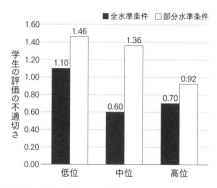

図4-5 「用語の理解度」ごとの「自己評価の不適切さ」の平均値

4.3.5. 自己評価の適切さに与える効果に関する考察

以上の結果は，部分水準条件で評価練習を実施した先行研究（Yucel et al. 2014）において学生への質問紙調査から論じられていた効果，すなわち学生が適切に自己評価できるようになるという効果が，全水準条件によってより大きくなることを，実際のパフォーマンスに対する自己評価というデータから実証的に示すものである．

このような結果となった理由を，自己評価の適切さという点から考察する．ルーブリックを用いて自己評価する際に，ある1つの水準であると適切に判断する（例えば，「自分のレポートはレベル2である」）ことは，隣接する水準ではないと判断する（例えば，「自分のレポートはレベル1でもなくレベル3でもない」）ことも要する．すなわち，ルーブリックを用いた適切な自己評価は，隣接する水準間の差異についての理解に支えられている．特定の専門領域にある程度熟達した者であれば，ルーブリックの記述語を見れば，その水準が示すパフォーマンスがどのようなものかを想像することは可能かもしれない．しかし，本授業科目は社会学の初学者向けの授業であったため，部分水準条件の評価練習では，レベル2やレベル4に該当するレポートの特徴や，水準間の差異を理解することが難しかった可能性がある．

一方の全水準条件の学生は，より適切に自己評価できていた．その理由は，レベル1からレベル4までの典型事例が存在するため，ルーブリックに示された各水準のレポートの特徴や，水準間の差異を，具体性を伴って理解することが促された可能性が考えられる．

4.3.6. 授業準備・実施コストと効果の兼ね合いに関する考察

以上から，部分水準条件よりも全水準条件のほうが評価練習の効果が大きい傾向が明らかになった．ただし，ルーブリックの全水準の典型事例を用意し評価練習を実施することは，授業の準備・実施コストを増大させる．ここでは，コストに見合うほどの効果の違いといえるのか，本実践に即して検討を行う．

「自己評価の不適切さ」について，全水準条件と部分水準条件の標準化平

均値差は $d=0.53$ であった．Cohen (1988) による目安 (0.8 で大，0.5 で中，0.2 で小) を踏まえると，概ね中程度の違いがあったということになる．

さらに，要約統計量 (表 4-2) や分布 (図 4-4) を参照しながら，指標そのものの意味を検討していく．部分水準条件では，「自己評価の不適切さ」の平均値は 1.24 であった．これはルーブリック得点にして 1 つ分以上，教員評価と自己評価がズレていたことを意味する．そしてそのズレの方向は，過大評価している傾向にあった．学生は自分ではよくできていると思っている場合，さらに質を向上させようとは考えないであろう．そうなると，よりよいパフォーマンスを目指すことで高次の学力を高めていく，という「学習としての評価」の機能は弱まっていく可能性がある．

他方の全水準条件では，「自己評価の不適切さ」の平均値は 0.80 であり，教員評価と自己評価のズレは 1 つ分以内に収まっている．この意味を別の角度から検討するために，教員評価と同じ得点をつけた学生の割合に着目してみる．全水準条件では，「用語の理解度」低位で 20％，中位で 60％，高位で 60％の学生が，教員評価と同じ得点をつけていた (図 4-4)．全水準条件全体では，約半数にあたる 47％の学生が，自分のレポートの出来・不出来を把握できている．この場合，次に自分が何をすべきかがわかるため，レポートの質を上げるための取り組みがなされ，「学習としての評価」が機能する可能性がある．

部分水準条件では，教員評価と同じ得点をつけた学生の割合が「用語の理解度」低位で 0％，中位で 18％，高位でさえ，23％に留まっていた (図 4-4)．部分水準条件全体では，14％の学生だけが，次に何をすべきかを把握できていたことになる．

このような効果の差は，当該授業実践においては大きな意味のある差であったと考えられる．なぜなら，このレポート課題は，授業科目の到達目標 (社会学的思考法を用いて説明できるようになる) を強く反映したものであり，最も重要な学習活動として位置づけられているからである．

ただし，これはあくまで本授業科目の文脈における検討である．他の文脈における授業の設計にあたっては，準備・実施にさけるリソースや，授業の

目的を踏まえながら,評価練習の実施を検討することになるであろう.

4.3.7. 最終的な不公平が生じていないことの確認

表 4-2 の最右列に示した完成稿の教員評価について,両クラスの平均値を対応なし t 検定で比較した結果,有意差はなかった ($t(65)=0.111$, $p=.912$, $d=0.03$).このことから,最終的な不公平は生じていないことが確認できた.

4.4. 本章のまとめ

本章では,これまで学生のインタビューや質問紙から効果が示されていた評価練習について,学生のパフォーマンスに基づいて,自己評価の適切さに与える効果を検証することができた.本授業実践では,ルーブリックの全水準に対応する典型事例を用いる条件のほうが,一部の水準に対応する典型事例を用いる条件よりも,学生の自己評価の適切さに与える効果が有意に大きかった.

評価基準の理解を促す効果を確認した第 3 章の結果とも合わせると,「全水準の評価練習」は,学生に評価基準の理解を促し,自分のパフォーマンスを適切に自己評価することを促すという効果の高い実施方法であると考えられる.

本書全体の目的からすると,「全水準の評価練習」は,評価基準の理解から学生の自己評価を支援する評価活動として位置づく.一方で,この評価活動は,評価基準を自分のパフォーマンスに適用する際に他者の視点を踏まえることを支援するものではない.そこで次章では,他者の視点の獲得から学生の自己評価をより適切にするための評価活動について,実証的な検討を行っていく.

第5章

他者視点の獲得を促す効果の高いピアレビューの実施方法

　本書で開発する教授法において，他者の視点を踏まえて自分のパフォーマンスに評価基準を適用することを促すために，自己評価活動とピアレビューを組み合わせて取り入れることを第2章で述べた．

　自己評価活動とピアレビューを組み合わせて実践している先行研究の実施方法をみると，以下に述べるように改善の余地がある．そこで本章では，他者の視点を踏まえて自分のパフォーマンスに評価基準を適用することを促す効果を高めるような，自己評価活動・ピアレビューの実施方法を検討する．

5.1. 本章の背景と目的

　ピアレビューを実施することで，他者の視点を踏まえた適切な自己評価ができるようになることが理想的な状態であるが，それが必ずしも実現するとは限らない．なぜなら，2.3.で整理したように，ピアレビューの課題として，ピアからのフィードバックが誤っていた場合，本人が無批判に信じてしまうとパフォーマンスの改善点を見失ってしまうことがあるからである．例えば，Yucel et al. (2014) の実証研究では，ピアレビュー前には，自分のレポートは改善の余地があるということを適切に認識できていたにもかかわらず，「君のレポートはとてもよくできているよ」というピアからの評価を信じた結果，自分のレポートの改善は不要であると判断してしまった学生の事例が報告されている (pp.978-979)．すなわち，ピアからの評価を無批判に受

け入れてしまうと,自律的なパフォーマンス改善を妨げてしまう危険性がある.

加えて,もしピアからの評価が正しかったとしても無批判に受容してしまうことは,他者からの評価に依存している状態であるといえ,それに基づいたパフォーマンスの改善は自律的とはいいがたい.

この問題に見通しを与える枠組みを安彦 (1987) は提示している[(1)]. 安彦 (1987) は,「『他者評価』というものを身に受けないことには,より健全な『自己評価』にはならないとともに,また逆にいつまでも『他者評価』に依拠していることは未成熟な状態」(p.116) と述べる.ピアレビューでいえば,ピアからの評価のような他者評価を受ける必要はあるが,それに依存してしまうことは問題であるといえよう.

このような問題に関して,「『自己評価』は,単なる自分だけの評価から,『他者評価』を取り入れて一段高い質の『自己評価』に高まらなければならない」(p.115) として,この自己評価と他者評価のあるべき関係が次のように図示されている (図5-1).

```
自己評価Ⅰ → 〈他者評価〉 → 自己評価Ⅱ
```

図5-1 自己評価と他者評価とのあるべき関係として示されている図式
出典:安彦 (1987, p.115)

これによると,最初の「自己評価Ⅰ」は,主観的で自分の都合に合わせたものである.次の〈他者評価〉を受けた際に,本人がそれを絶対視する場合と,その是非を自ら判断して取捨選択する場合とが存在する.そして,後者の場合には「自己評価Ⅱ」の段階へと入る.「自己評価Ⅱ」とは,「自己評価Ⅰ」よりも正確で客観的な視野の広い自己評価である.「自己評価Ⅰ」から「自己評価Ⅱ」への移行は,〈他者評価〉の基準を1つのモデルとして自己評価に取

---

(1) 安彦 (1987) は初等教育における児童の自己評価の成長や,初等中等の教育方法を主に論じているが,本書においても理論的枠組みとして参照に適すると判断した.

り込むことによって実現することが多いとされている (安彦 1987, pp.115-116).

　この枠組みを参考に，他者の視点を踏まえて自分のパフォーマンスに評価基準を適用することを促すために必要なことを検討する．自己評価活動とピアレビューを実施するだけでなく，それらを関連づけるような活動を意図的に実施することで，「自己評価Ⅱ」への移行を促す必要があるといえる．また，ピアからの評価が誤っている場合にも，自己評価と比較することで，誤っている可能性を含めて批判的に検討できる可能性がある．

　これを踏まえて，自己評価活動とピアレビューを実施している先行研究を検討すると，それらの結果を関連づけるような取り組みを行っているものとして，Reinholz (2015)，Willey & Gardner (2009) や高橋ら (2016) を挙げることができる．Reinholz (2015) は，自己評価とピアからの評価のあとに学生同士のディスカッションを行ってはいるが，自己評価とピアからの評価の得点や根拠を比較することに焦点を合わせているわけではない．「自己評価Ⅱ」への移行を確実に促すためには，自己評価とピアからの評価について言語化し比較することを通して，「自己評価Ⅰ」を相対化することを促すような学習活動をデザインする必要がある．また，Willey & Gardner (2009) と高橋ら (2016) の主眼は，自己評価とピアからの評価の得点を画面上で比較できるツールの開発にある．だが，「自己評価Ⅱ」への移行を促すためには，自己評価とピア評価の得点を比較するだけでなく，なぜそれらの得点をつけたのかという根拠や考えを解きほぐすプロセスが必要であろう．

　そこで本章では，自己評価とピアからの評価の得点だけでなく根拠を含めて話し合うことで，ピアからの評価を無批判に受容する問題を回避し，ピアからの評価を参考にしてより適切に自己評価することを促すようなピアレビューの実施方法について，授業実践を通して具体化することを目的とする．また，実践における効果を探索的に検討する．

5.2. 「協議ワークを取り入れたピアレビュー」の実施方法の具体化

本節では，自己評価とピアからの評価の得点と根拠を比較するプロセスを含めたピアレビューの実施方法を，2018年度後期「社会学Ⅱ」での実践を通して具体的に示す．

5.2.1. 2018年度後期「社会学Ⅱ」の概要

2018年度後期の「社会学Ⅱ」は，2018年度10〜1月に開講された．3.2.1.で本書全体に共通するフィールドの概要を述べたように，本科目は，社会学を専門としない初学者を対象とした学部横断型の共通科目であり，社会学的思考法を活用する力というコンピテンシーを育成することを目標としている．

本科目には，授業内容や教員・TAは共通で実施曜日のみ異なるクラスが2つ存在する．2018年度後期の受講登録者数は，木曜クラス54名，金曜クラス102名であった．

第4章と異なり，2018年度後期の本科目では，成績評価の配点は学期末レポート（100点）のみを評価対象としていた．ピアレビューを実施した授業回を含め，授業参加は成績評価の対象外であった．

授業はオンラインではなく，全て教室における対面で実施された．

5.2.2. パフォーマンス評価の課題指示文とルーブリック

3.2.1.でも述べたように，「社会学Ⅱ」の授業到達目標は，社会学的思考法を用いて，現代のさまざまな社会現象や自分自身の人生・生活の背景にある『しくみ』（社会構造とコミュニケーションの相互作用）を，実践的な水準で分析し説明できるようになることである．これに対応したパフォーマンス課題・ルーブリックを授業担当教員と筆者（TA）の協働で設計した（図3-3）[2]．

---

[2] パフォーマンス課題・ルーブリックをどのように設計したかの詳細は，3.3.1.を参照．

5.2.3. ミニ論述の作成とその典型事例を用いた評価練習

期末レポートに先駆けて，社会学的思考法を使って社会現象を200字程度で説明するミニ論述の文章を作成するトレーニングを，第3回・第4回・第6回の授業中に計3回実施した．このミニ論述は，期末レポートのルーブリックの観点1（社会現象の分析）を用いて評価することが可能なものである．

第3回の授業では，TAが作成したミニ論述の例（レベル3に典型的であると教員が判断したもの）を配付し，学生が評価したうえで教員がレベルと根拠を解説した．以下，これを，「ミニ論述に対する評価練習」とする．第3回授業ではその後，学生らは自分のミニ論述を作成し，提出した．

提出されたミニ論述のなかから，レベル1に典型的であると教員が判断したものを，第4回の授業で配付し，「ミニ論述に対する評価練習」を実施した．第6回の授業では，レベル2に典型的なミニ論述を用いて「ミニ論述に対する評価練習」を実施した．

5.2.4. 期末レポートの典型事例を用いた評価練習

第8回の授業で期末レポートの課題指示文とルーブリックを学生に提示したあと，観点1がレベル4，観点2がレベル3の典型事例を用いた評価練習を実施した．その後，第10回の授業では，観点1がレベル2，観点2がレベル2の典型事例を用いた評価練習を，第11回の授業では，観点1がレベル3，観点2がレベル2の典型事例を用いた評価練習を実施した．

5.2.5. 「協議ワークを取り入れたピアレビュー」の実施方法

学生らは期末レポートの草稿を第12回の授業に持参し，ピアレビューを行った．

安彦（1987）の示す，「自己評価Ⅰ」→〈他者評価〉→「自己評価Ⅱ」にあてはめると，プレ自己評価→ピアからの評価→ポスト自己評価となる．ポスト自己評価が「自己評価Ⅱ」となるよう移行を促すためには，プレ自己評価とピアからの評価それぞれの得点とその根拠を比較することを通して，プレ自己評価とピアからの評価の相対化を促すことが重要である（図5-2）．

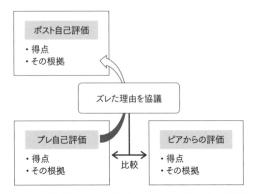

図5-2 「協議ワークを取り入れたピアレビュー」の概念図

そこで，ピア評価のあとに「協議ワーク」と呼ぶステップを導入し，以下の4ステップで「協議ワークを取り入れたピアレビュー」を実施した（図5-3）．

ステップ①　プレ自己評価

持参したレポートの草稿に対して，ルーブリックを用いて自己評価し，該当すると思うレベルとその根拠をワークシートに記入する（5分）．

ステップ②　ピアへの評価・ピアからの評価

草稿を隣の学生と交換してルーブリックを用いて評価し，各観点のレベルと根拠をワークシートに記入する（13分）．

ステップ③　協議ワーク

プレ自己評価とピアからの評価を突き合わせ，レベルやその根拠が異なっていた観点について異なった理由を2人で協議し，その結果をワークシートに記入（6分×2人）．

ステップ④　ポスト自己評価

個人ワークとして，ルーブリックの各観点について改めて自己評価し，レベルとその根拠，学期末レポート提出までの改善点を記入する（5分）．

「協議ワークを取り入れたピアレビュー」の実施にあたっては，草稿の内容や自己評価・ピアからの評価の結果は一切成績には含まれず，最終的な期末レポートのみが成績に反映されることを伝えた．

第5章　他者視点の獲得を促す効果の高いピアレビューの実施方法　　91

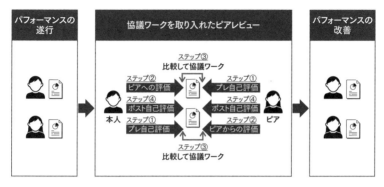

図5-3　「協議ワークを取り入れたピアレビュー」の実施手順

　使用したワークシートと進行スライドを，それぞれ付録5-1，付録5-2に掲載する．

5.3. 自己評価の適切さに与える効果の検討方法

5.3.1. 指標「自己評価の不適切さ」

　学生が自分のレポートの草稿をどの程度適切に自己評価できているかの指標として，ルーブリックを用いた教員評価得点と自己評価得点との差の絶対値を算出し，「自己評価の不適切さ」とした．この「自己評価の不適切さ」は0以上の値をとる反転指標であり，値が小さく0に近いほど，適切に自己評価できることになる[3]．

　研究協力の同意が得られ，「協議ワークを取り入れたピアレビュー」に取り組んだ受講生のうちデータ欠損のない25名を分析対象とし，「自己評価の不適切さ」を従属変数，「評価基準の観点（観点1／観点2）」「タイミング（プレ／ポスト）」をそれぞれ参加者内要因とした2要因分散分析を実施した．

　なお上記のように，研究のための草稿についても教員評価を実施したが，

---

[3] この指標の詳細については，4.2.4.2. を参照．また，このルーブリックを用いた得点を間隔尺度として扱うことについては，3.4.1. を参照．

実施方法としては草稿の教員による評価は不要である．本授業科目において
も，草稿の教員評価は学生にフィードバックしていない．

5.3.2. 統計分析の手続き

第3章・第4章と同様，分析は以下の手続きで行う．統計処理ソフトはR
(Ver. 4.1.0) および RStudio (Ver. 1.4.1717) を用いる．分散分析には anovakun
関数を用いる．平均値の差の効果量である標準化平均値差 d (Hedges 1981,
p.110) の計算には compute.es パッケージの mes 関数を用い，d として出力
されるものを報告する．この効果量 d の大きさを解釈する際には，Cohen
(1988) による目安（0.8 で大，0.5 で中，0.2 で小）を基準として用いる．

参加者内要因における各群（対応のある群）の平均値の差の効果量として d
(Hedges 1981, p.110) を算出・報告する理由については第3章と同様である (3.4.3.)．

5.4. 分析結果と考察

5.4.1. 要約統計量

2018年度後期「社会学Ⅱ」の受講生のうち，データ欠損のない25名の各
観点・各タイミングの平均値の「自己評価の不適切さ」のグラフを図5-4
に示す．観点1，観点2ともに，プレ自己評価からポスト自己評価にかけ

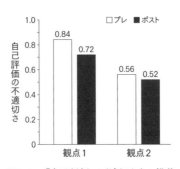

図5-4　「自己評価の不適切さ」の推移

て,「自己評価の不適切さ」がやや減少しているのが見て取れる.

5.4.2. 分散分析の結果

この変化が統計的有意な差であるのかを検証するために,2要因分散分析（参加者内要因）を実施した結果,「タイミング」の主効果は非有意（$F(1,24)=1.558, p=.224, \eta_p^2=.061$）であった.すなわち,この差は統計的に有意な差ではなく,偶然による誤差の可能性を否定できないということを意味する.また,「観点」の主効果は非有意（$F(1,24)=0.917, p=.348, \eta_p^2=.037$）,両者の交互作用も非有意（$F(1,24)=0.606, p=.444, \eta_p^2=.025$）となった.

この理由を考察するため,観点1と観点2の比較を行う.観点1では,プレ（平均0.84,標準偏差0.85）からポスト（平均0.72,標準偏差0.74）にかけて平均が0.12減少しており,その効果量を算出すると$d=0.15$と小さいものであった.他方の観点2では,プレ（平均0.56,標準偏差0.86）からポスト（平均0.52,標準偏差0.82）にかけて平均が0.04減少しており,その効果量を算出すると$d=0.05$とかなり小さいものであった.

5.4.3. 考察

分散分析の「タイミング」の主効果が有意ではなかったため,「協議ワークを取り入れたピアレビュー」の前後で,「自己評価の不適切さ」の平均値は,観点1・観点2ともに小さくなっているが,その差は統計的に有意なほどではなかった.すなわち,「自己評価の不適切さ」の減少は偶然による可能性を排除できないということを意味する.これは,サンプルサイズが25と少ないことも影響している.本章のフィールドでは,ピアレビューに参加することが成績評価に直接影響しないこともあって,受講登録者のうち半数以下しか参加していないという事情があった.

偶然による可能性を排除できないため慎重な解釈が求められるが,観点1の減少は0.12であったのに対して,観点2の減少は0.04であるという観点による違いがみられた.この理由として考えられるのは,観点1については「ミニ論述に対する評価練習」を3回実施していたため,観点2と比べてよ

り評価基準の理解ができていた可能性である．第2章で整理したように，ピアレビューの課題として，ピアが評価基準の意味を理解していないと，有益なフィードバックにならないということが指摘されている（e.g. McMahon 2010）．本章のフィールドでも同様に，特に観点2において評価基準の理解が不十分であったために，「協議ワークを取り入れたピアレビュー」が十分に機能しなかった可能性が考えられる．観点2についても期末レポートの典型事例を対象とした評価練習を計3回実施してはいたものの，異なる水準の典型事例を同時に比較するような評価練習ではなかったため，第3～4章で検討した「全水準の評価練習」ほどには評価基準の理解が促されなかったのかもしれない．

5.5. まとめと今後の課題

本章では，ピアレビューにおいて，ピアからの評価を無批判に受容することなく自己評価を見直す参考にすることを促す「協議ワークを取り入れたピアレビュー」について検討を行った．実践を通して実施方法を具体化するとともに，効果を検討した．「自己評価の不適切さ」はやや減少していたものの，統計的に有意な差ではなかった．これを踏まえた改善策として，「全水準の評価練習」により評価基準の理解を促したうえで，「協議ワークを取り入れたピアレビュー」を実施するということが考えられる．また，サンプルサイズを確保するためにピアレビューを実施する授業回への出席を促すことも，研究デザインのうえで必要と考えられる．

そこで，続く第6章では，これらを踏まえて改めて，「協議ワークを取り入れたピアレビュー」の効果を検証することとする．

第6章

「協議ワークを取り入れたピアレビュー」の効果検証

　第5章では，ピアからの評価を本人が無批判に受容してしまう問題を解決しうる，「協議ワークを取り入れたピアレビュー」を授業で実践し，具体的な実施方法を示した．ただし，その前後で自己評価の適切さの有意な向上は確認できなかった．その理由の1つには，評価基準の理解が十分ではない状態で「協議ワークを取り入れたピアレビュー」に取り組んだことが可能性として考えられた．また，もう1つの理由として，分析に用いることのできたサンプルサイズがやや小さかったことも影響していた．

　そこで本章では，事前に評価基準の理解を促したうえで「協議ワークを取り入れたピアレビュー」を実施し，学生がより適切に自己評価できるようになっているかという点から効果検証を行う．その際，サンプルサイズを確保できるよう，より多くの学生に授業への出席を促す．

6.1. 本章の背景と目的

　第2章で整理したように，ピアレビュー実施上の課題として先行研究では，どのようにピアを評価し，フィードバックを提供するかを学ぶトレーニングを欠いたままピアレビューを実施した場合，学習によい影響をもたらすことはできない（Sridharan & Boud 2019）ということが指摘されている．また，McMahon（2010）は，ピアレビューに焦点を当てた4年間のアクションリサーチを通して，明確な評価規準が示されていたとしても，学生がその意味を理

解していなければ，適切にピアを評価し，有益なフィードバックを提供することはできないことを見出している．

こういった課題は，「協議ワークを取り入れたピアレビュー」の場合でも同様にあてはまると考えられる．そこで本章では，ルーブリックの各観点・全水準の記述語の理解を促すような学習活動として「全水準の評価練習」を実施したうえで「協議ワークを取り入れたピアレビュー」を実践し，学生がより適切に自己評価できるようになっているかという点から効果検証を行い，実践的示唆を得ることを目的とする．

6.2. 方法

6.2.1. 2019年度前期「社会学Ⅰ」の概要

効果検証のため，大学の授業における実践を通して得られたデータを分析する．実践のフィールドは2019年度前期の「社会学Ⅰ」である[1]．2019年度4～7月に開講された．

第3～5章のフィールドであった2019年度後期，2021年度前期，2018年度後期と同様に，本科目には，授業内容や教員・TAは共通で実施曜日のみ異なるクラスが2つ存在する．それぞれの受講登録者数は，木曜クラス54名，金曜クラス58名であった．

授業の成績評価の配点は，授業参加40点，学期末レポートの草稿10点，学期末レポート50点であった．この配点は，第5章で扱った2018年度後期とは大きく異なる．授業参加点を設定することで，評価練習やピアレビューの回を含めて授業への出席を促した．加えて，学期末レポートの草稿は，ピアレビューの授業回にて提出することが原則必須であるとあらかじめ学生に告知することで，ピアレビューに参加する学生数を増やすことを意図した．

授業の学習到達目標は第4章の2021年度前期と同様，「社会学的思考法を用いて，現代のさまざまな社会現象や自分自身の人生・生活の背景にある『し

---

[1] フィールドを選定した理由については3.2.1.を参照．

くみ』(社会構造とコミュニケーションの相互作用)を,基礎的な水準で分析し説明できるようになること」である.

6.2.2. パフォーマンス課題とルーブリック

学習到達目標の達成度を評価するパフォーマンス課題として,図6-1のようなレポート課題とルーブリックを設計した.

パフォーマンス課題の設計にあたっては第3〜5章と同様に,斎藤・松下(2021)が示すパフォーマンス評価の枠組み(図1-2)を参考にした.まず,社会学的思考法を活用する力(コンピテンシー)が可視化されるような課題としてどのようなものが考えられるかを,授業担当者とTAである筆者が討議した.授業担当者と筆者の討議の結果,指定文献(柴田 2017)で展開されている議論を批判・補足することを目指して,社会学的思考法を用いた文章を作成するレポート課題を設計した(図6-1の課題指示文).

そして,このレポートというパフォーマンス(作品)を通して,社会学的思考法を活用する力(コンピテンシー)を解釈するツールとして,図6-1に示すような4観点5水準のルーブリックを作成した.

このルーブリックは,第3章(2018年度後期・2019年度後期)で使用したルーブリックと同様に,パフォーマンスの質を評価する際の信頼性や比較可能性を確保できるよう,田中(2008, pp.142-144)や西岡(2016, pp.102-104),石井(2020, pp.248-252)を参考に,次のような手順で作成したものである.まず,授業担当者とTAである筆者が,課題指示文と仮ルーブリックを作成した.次に,筆者と協力者(過去に当該授業担当者の授業を履修した者)の2名が作成した複数のサンプルレポートを,授業担当者と筆者が仮ルーブリックを用いて独立に採点した.採点結果を比較し両者で協議を行い,仮ルーブリックの記述語を修正し,合意に至った.

このパフォーマンス課題とルーブリックは,まず2018年度前期の授業で実施・使用した.学生らが提出した期末レポート課題の採点作業を通して,パフォーマンス課題とルーブリックが,学生の社会学的思考法を活用する力を評価するにあたって妥当なものになっていることを確認した.そのため,特段の修正はせずに,2019年度前期の授業でも使用した.

期末レポートの課題指示文

あなたが今後の人生で遭遇しうる社会現象を挙げ，それを構成する構造とコミュニケーションの影響関係を説明した上で，自分が「幸せに生きる」ために自分がその社会現象に関してどのようなコミュニケーションをとることがよいと考えられるか，客観的に論じなさい．幸せの基準は人によって異なるため，何が自分の幸せなのかを明記して，客観的に論じること．(1,000～2,000字程度)

ルーブリック

	観点1 社会現象	観点2 問題	観点3 解決策	観点4 客観性
レベル4	レベル3の水準に加え，参考書において暗黙の前提となっている箇所に切り込んで批判・補足している．	レベル3の水準に加え，問題を示すことによって，参考書における暗黙の前提を相対化するような批判・補足をしている．	レベル3の水準に加え，解決策は実現可能性が高いことを示せている．	レベル3の水準に加え，自分の主張に対して予想される反論にも応じながら，議論を展開できている．
レベル3	着目した社会現象について参考書における自分の論述に必要な箇所の要旨を説明しており，その理解に誤りが全くない．	問題を示すにあたり，社会学的思考法を用いることによって，問題とする社会現象の背後にある構造を，説明できている．	解決策を示すにあたり，社会学的思考法を用いることによって，「問題」で説明した構造に変化をもたらしうる解決策を，示している．	データや事例を適切に示しながら議論を展開することで，説得力を持っている．
レベル2	着目した社会現象について，参考書における要旨を説明しているが，自分の論述に必要な箇所を説明しきれていない．または，その理解に一部誤りがある．	問題を示すにあたり，社会学的思考法を用いて説明しているが，構造は問題とする社会現象とは関係の薄いものである．	解決策を示すにあたり，社会学的思考法を用いてはいるが，社会現象の背後にある構造に変化をもたらしうる解決策は，示せていない．	データや事例を示してはいるものの，適切でない箇所がみられ，説得力を持つに至っていない．
レベル1	着目した社会現象について，参考書における要旨を説明しているが，自分の論述に必要な箇所を説明しきれていない．かつ，理解に一部誤りがある．	問題を示すにあたり，社会学的思考法を用いておらず，問題とする社会現象の背後にある構造を，説明できていない．	解決策を示すにあたり，社会学的思考法を用いておらず，問題とする社会現象の背後にある構造に変化をもたらしうる解決策は，示せていない．	データや事例を示しておらず，自分の考えを述べるに留まっている．
レベル0	着目した社会現象について，参考書における自分の論述に関係のある箇所を全く説明していない．または，致命的な理解の誤りがある．	そもそも問題とする社会現象を示していない．	そもそも解決策を示していない．	データや事例を示しておらず，自分の考えも述べていない．

図6-1 「社会学Ⅰ」(2019年度前期) の期末レポート課題

6.2.3. 前提となる評価練習の実施方法

本章の研究目的に対応して，まず，第5回の授業において「全水準の評価練習」を実施し，「協議ワークを取り入れたピアレビュー」の前提となる評価基準の理解を促した．

典型事例は，前年度の受講生が提出した期末レポートのなかから，**表6-1**に示すような教員評価が付与されたレポートを選出した．選出の際，4種類のレポートによって各観点のできるだけ全ての水準（1～4）が網羅されるようにした．ただし，「観点1：社会現象」についてはレベル1のレポートを選出できなかったため，レベル3が2つ存在する．

表6-1 評価練習で用いた典型事例の教員評価

	観点1:社会現象	観点2:問題	観点3:解決策	観点4:客観性
典型事例A	3	3	3	1
典型事例B	4	4	4	3
典型事例C	2	1	1	4
典型事例D	3	2	2	2

6.2.4. 「協議ワークを取り入れたピアレビュー」の実施方法

第10回の授業で「協議ワークを取り入れたピアレビュー」を実施した．学生に配付したワークシートと，各ステップの進め方を説明する際に提示したPowerPointのスライドを，それぞれ**付録6-1**，**付録6-2**に掲載する．

学生が持参したレポートの草稿に対して，プレ自己評価（ステップ1）→作品を交換してピアと評価し合う（ステップ2）→協議ワーク（ステップ3）→ポスト自己評価（ステップ4）の手順で実施した．ルーブリックを記載したワークシートを用いて，プレ自己評価，ポスト自己評価の得点やその根拠などを記入するよう指示した．ポスト自己評価のワークシートでは，「最終提出日までに改善するために何をするか」を記入する欄を設けた．

ワークシート記載内容は，一切成績に影響しないことを学生に伝えた．授業後，草稿レポートとワークシートを回収した．以上の所要時間は，進行の説明やワークシート等の配付・回収を含め約70分であった．

学期末レポート提出期限は，第12回の授業日までであった．それまでの2週間，学生は草稿レポートの内容を必要に応じて改善したうえで，完成稿として学期末レポートを提出した．なお，草稿提出から完成稿提出期限までに実施された第11回・第12回の授業では，レポート課題の「指定文献」の内容（子育て支援政策）に関係する動画視聴とグループディスカッションを実施した．

6.2.5. 分析に使用するデータ

以上のような授業展開により得られた，草稿レポートに対する教員評価得点と，ピアレビュー前後それぞれの自己評価得点を分析に用いる（図6-2）．

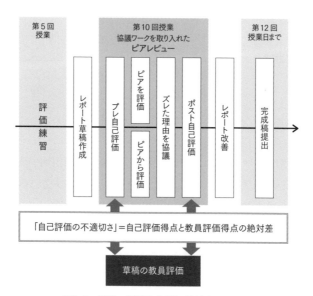

図6-2 授業の展開と分析に使用するデータ

教員評価は，TA である筆者が下採点として得点とその根拠を記録した後，授業担当者が記録を参考にしながら本採点したものである．意見が一致しない箇所は協議・合意した．下採点と本採点の一致率は 94.5%であった．

自己評価の適切さを量的に捉えるために，自己評価得点と教員評価得点の差の絶対値を「自己評価の不適切さ」とする指標を用いる．すなわち，プレ自己評価とポスト自己評価について，それぞれ草稿の教員評価との差の絶対値を算出する（図6-2）．この「自己評価の不適切さ」が小さい値を示すほど，適切に自己評価できていることを意味する[2]．

6.2.6. 自己評価の適切さに与える効果の分析方法

「協議ワークを取り入れたピアレビュー」が，学生の自己評価の適切さの向上を促す効果があるかを検証するにあたり，「協議ワークを取り入れたピアレビュー」の前後で「自己評価の不適切さ」がどのように変化するかを統計的に分析する．そこで，プレ自己評価，ポスト自己評価の自己評価という2回の「自己評価の不適切さ」の変化を分析する．また，ルーブリックの4つの観点ごとに変容の仕方に違いがある可能性も考えられるため，ルーブリックの合計得点ではなく各観点の自己評価の不適切さを分析に用いる．よって，「自己評価の不適切さ」を従属変数，「タイミング（プレ，ポスト）」と「観点（ルーブリックの観点1～4）」を，それぞれ参加者内要因とする2要因分散分析を行う．

6.2.7. 統計分析の手続き

第3～5章と同様，分析は以下の手続きで行う．統計処理ソフトは R（Ver. 4.1.0）および RStudio（Ver. 1.4.1717）を用いる．分散分析には anovakun 関数を用いる．多重比較は，anovakun 関数のデフォルト設定である Shaffer の方法（Shaffer 1986, 入戸野 2004）を用いる．平均値の差の効果量である標準化平均値差 d（Hedges 1981, p.110）の計算には compute.es パッケージの mes 関

---

[2] この指標の特徴については 4.2.4.2. も参照．また，このルーブリックを用いた得点を間隔尺度として扱うことについては，3.4.1. を参照．

数を用い，d として出力されるものを報告する．この効果量 d の大きさを解釈する際には，Cohen (1988) による目安 (0.8 で大，0.5 で中，0.2 で小) を基準として用いる．

参加者内要因における各群 (対応のある群) の平均値の差の効果量として d (Hedges 1981, p.110) を算出・報告する理由については第3章と同様である (3.4.3.)．

6.3. 結果と考察

6.3.1. 要約統計量

研究協力の同意が得られた学生のうち，ピアレビューを実施した第10回の授業に出席し，各ワークシートを提出した87名を分析対象とした．表6-2 に，自己評価・教員評価・ピアからの評価の平均値と標準偏差 SD，指標「自己評価の不適切さ」の平均値と標準偏差 SD を示した．表6-3 に，教員評価1〜4点に対する自己評価・ピアからの評価の平均を，全観点をまとめて示した．

表6-2 要約統計量 (自己評価・教員評価および自己評価の不適切さ)

上段:平均 下段:SD	観点1	観点2	観点3	観点4	観点合計	上段:平均 下段:SD	観点1	観点2	観点3	観点4	観点合計
プレ 自己評価	2.80	2.74	2.76	2.81	11.11	プレ 自己評価の 不適切さ	0.49	0.64	1.09	0.59	2.82
	0.68	0.65	0.88	0.78	1.79		0.53	0.76	0.99	0.67	1.64
ポスト 自己評価	2.97	2.85	2.75	2.83	11.40	ポスト 自己評価の 不適切さ	0.36	0.61	1.03	0.51	2.51
	0.66	0.66	0.78	0.78	1.60		0.48	0.72	0.88	0.65	1.68
草稿の 教員評価	3.00	2.49	1.99	2.70	10.18	草稿の ピアからの 評価	3.25	3.02	3.01	3.05	12.32
	0.55	0.86	1.03	0.79	2.04		0.63	0.75	0.86	0.69	1.63
完成稿の 教員評価	3.09	2.62	2.22	2.94	10.87						
	0.50	0.85	1.10	0.74	2.00						

表6-3 教員評価ごとの自己評価・ピアからの評価の平均

教員評価	1点	2点	3点	4点
N	61	67	185	34
プレ自己評価	2.53	2.65	2.88	3.00
ピアからの評価	2.74	2.83	3.22	3.55
ポスト自己評価	2.49	2.63	2.97	3.35

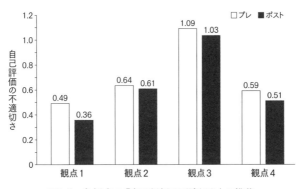

図6-3 各観点の「自己評価の不適切さ」の推移

　図6-3に，各観点の「自己評価の不適切さ」の推移を示した．4つの観点全てにおいて，「協議ワークを取り入れたピアレビュー」の前後で，教員評価により近い自己評価ができていることが見て取れる．

　また，87名の学生それぞれの観点1～4のデータ計348件のうち，教員評価と一致していたのはプレ自己評価で160件であったのに対して，ポスト自己評価では177件であった．

6.3.2. 分散分析の結果

　この「自己評価の不適切さ」の推移が統計的有意な変化かを検証するため，「自己評価の不適切さ」を従属変数，タイミングとルーブリックの観点をそ

れぞれ参加者内要因とする2要因分散分析を実施した．

まず，タイミングの主効果 ($F(1,86)$=4.361, p=.040, η_p^2=.048) は有意であった．これは，「自己評価の不適切さ」がプレ (全観点の平均 0.70，標準偏差 0.41) からポスト (全観点の平均 0.63，標準偏差 0.42) にかけて統計的有意に減少した，つまり，学生はより適切に自己評価できるようになったことを意味する．その効果量として標準化平均値差 d (Hedges 1981, p.110) を算出すると，d=0.18 と，小程度であった．

次に，観点の主効果 ($F(3,258)$=17.116, p<.001, η_p^2=.166) も有意であった．多重比較 (Shaffer 法) の結果，「自己評価の不適切さ」は観点1が観点2よりも有意に小さいこと (調整 p=.049)，観点3は他のいずれの観点よりも有意に大きいこと (いずれも調整 p<.001) が明らかとなった．これは，観点1は学生にとって理解・適用が比較的容易な評価基準であった一方，観点3は他の観点よりも理解・適用が困難であったことを意味する．

最後に，交互作用は非有意であった ($F(3,258)$=0.542, p=.654, η_p^2=.006)．これは，観点によって，自己評価の適切さの向上の度合いは異ならないことを意味する．

6.3.3. 考察

まず，プレ自己評価と比較して，ポスト自己評価の不適切さが統計的有意に減少したことについて考察する．この2回の自己評価の間に学生が経験したのは「協議ワークを取り入れたピアレビュー」のみであることから，この効果として自己評価の適切さが向上したといえる．

この結果に影響を与えた可能性のある要因として，本章の研究目的にとって特に重要と考えられる，ピアからの評価と，評価練習の2点について検討する．

1点目について，「協議ワークを取り入れたピアレビュー」は，ピアからの評価を本人が無批判に受け入れてしまう課題を解決することを意図したものであった．表6-3の教員評価1～2点では，ピアからの評価は，プレ自己評価よりもさらに過大評価をしていた傾向がわかる．もしも，ピアからの

評価を本人が無批判に受け入れたならば，ポスト自己評価はさらに甘くなるところだが，実際には教員評価に近づいている．また，表 6-3 の教員評価 3～4 点では，プレ自己評価とピアからの評価の中間あたりにポスト自己評価が変化しており，それは教員評価に近づく方向である．これらを総合すると，学生はピアからの評価を無批判に受容することなく参考情報として活用した結果として，自己評価が適切になった可能性が示唆される．

　2 点目に，本実践の評価練習では，ルーブリックの全観点・全水準を網羅するようなサンプルレポートを用いてグループディスカッションを行うことで，学生がルーブリックの各水準の評価基準について理解を深めることを意図した．このことが影響し，「協議ワークを取り入れたピアレビュー」で自己評価とピアからの評価のズレた理由を話し合う際に，評価基準の理解に基づいた議論ができたのではないだろうか．今回の研究デザインでは，評価練習そのものの効果を検証することはできなかったが，第 5 章の結果（2018 年度後期の実践）と比較すると，ルーブリックの全観点・全水準の理解を促すことが，「協議ワークを取り入れたピアレビュー」が効果を発揮する前提として重要であることが示唆される．

　次に，観点ごとの違いについて検討を行う．観点 1～4 のいずれにおいても，自己評価の不適切さの平均値はプレからポストにかけて減少している．観点ごとに比較すると，ルーブリック得点にして 0.13 の減少である観点 1 に対して，他の 3 つの観点は 0.03～0.08 とやや小さい．観点 1 は，学生にとって理解・適用が比較的容易な評価基準であったという多重比較の結果と併せて考えると，評価基準の理解・適用が比較的容易な観点ほど，「協議ワークを取り入れたピアレビュー」の効果が発揮されやすい可能性が示唆される．逆に，観点 3 は学生にとって理解・適用が比較的困難な評価基準であった．その理由として，問題とその解決策を示すことを求めるレポート課題の内容を反映したルーブリックを作成した結果，観点 3（問題の解決策）は観点 2（問題の説明）を前提としている箇所があり，より複雑な評価基準であったことが考えられる．このような評価基準においては，自己評価とピアからの評価の得点や根拠を比較したり，ズレた理由について学生同士で話し合った

りしても，ピアからの評価を参考に自分のレポートを見直すことに十分につながらない可能性が考えられる．このことからも，「協議ワークを取り入れたピアレビュー」の前提として，学生が評価基準を十分に理解することを促す学習活動を実施しておく必要があるといえよう．これに対応する実践的示唆としては，理解・適用が難しいと予想されるルーブリック観点に関しては，予め評価練習を豊富に実施しておく等が考えられる．

以上のように，本章の授業実践では，評価練習ならびに「協議ワークを取り入れたピアレビュー」を実施し，概ね期待通りの効果を確認できた．ただし，これらは学習到達目標・パフォーマンス課題・評価基準が，相互に対応するように設計したうえで実施したものである．特に，評価基準であるルーブリックは，具体的なレポートと対応づけながら複数名で記述語を検討し，作成したものであった．それゆえ，抽象度の高い記述語にも裏づけとなるパフォーマンスが存在しており，評価練習においては，全観点・全水準を網羅するようなサンプルレポートを活用しながら，学生は評価基準の理解を深めていくことができたと考えられる．したがって，今回の結果の過度な一般化は避けるべきであり，少なくとも，学習到達目標・パフォーマンス課題・評価基準が十分に対応している状況が必要と考えられる．

6.4. まとめと今後の課題

本章では，「協議ワークを取り入れたピアレビュー」の前後で学生の自己評価の適切さが向上していることを効果検証した．本章で得られた知見は，以下の2点にまとめることができる．

まず1点目に，パフォーマンス課題における自己評価の適切さを高めるため，「協議ワークを取り入れたピアレビュー」の有効性を実証的に検証できた点である．学生同士でパフォーマンスを評価・フィードバックし合うのみの従来のピアレビューでは，ピアからの評価を無批判に受け入れてしまう場合があるという課題があった（Yucel et al. 2014）．自己評価とピアからの評価を比較して，レベルやその根拠のズレが生じた理由を学生同士で話し合う協

議ワークを取り入れることで，この課題が解決されうると考えられる．本章では，「協議ワークを取り入れたピアレビュー」の前後で自己評価の適切さが統計的有意に向上することを検証できた．ピアからの評価得点を踏まえた考察から，学生はピアからの評価を無批判に受容することなく参考情報として活用した結果として，自己評価が適切になった可能性が示唆された．また，「協議ワークを取り入れたピアレビュー」は，パフォーマンスの改善につながる可能性が示唆された．

2点目に，「協議ワークを取り入れたピアレビュー」が効果を発揮するための前提として，事前に実施する評価練習において評価基準の理解を促すための工夫が重要であるという点である．本章の授業実践では，「全水準の評価練習」によって，学生が評価基準を一定程度理解したうえで，協議ワークを取り入れたピアレビューに取り組むことができたと考えられる．

一方で，本章の分析結果には，以下2点の課題が存在する．

1点目は，「協議ワークを取り入れたピアレビュー」を通しても，自己評価が適切にはならないケースも一定数存在することである．本章の分析対象者87名の観点1〜4についてのポスト自己評価データ計348件のうち，教員評価と一致していたのは177件であった．過半数が一致しているとはいえ，逆にいえば，171件は不一致であったということになる．これは「協議ワークを取り入れたピアレビュー」の効果の限界点といえる[3]．

2点目は，本章の分析は，「協議ワークを取り入れたピアレビュー」が，自己評価の適切さに与える影響を検討したものであり，その後のパフォーマンス改善に関しては扱っていない．そこで次章では，学生が自己評価に基づいてパフォーマンス改善ができているのかを明らかにする．

---

[3] 本章の分析対象である2019年度前期以外のデータも含めて，「協議ワークを取り入れたピアレビュー」ののちの自己評価と教員評価の一致率を調べてもほぼ同程度であった．これについては本書全体の課題の1つとして，8.3.4. で詳述する．

第7章

自己評価に基づく自律的なパフォーマンス改善に関する検証

7.1. 本章の背景と目的

　本書のここまでの流れを確認しておく．本書の目的は，コンピテンシー育成を目指す大学の授業において，評価基準の理解と，他者視点の獲得という両方から学生が適切に自己評価できるよう支援することで，初学者の学生が自己評価に基づいてパフォーマンスを自律的に改善することを促す教授法を開発することであった．

　第2章では，先行研究に基づいた考察から，教授法に取り入れるべき要素として，「評価基準の理解により適切な自己評価を促す評価活動」である評価練習と，「他者視点の獲得により適切な自己評価を促す評価活動」である自己評価活動・ピアレビューという2つの評価活動を特定した．

　前者の評価活動について，第3章・第4章で「全水準の評価練習」の実施方法を具体的に示し，評価基準の理解により適切な自己評価を学生に促すことが示唆された．後者の評価活動については，第5章・第6章で「協議ワークを取り入れたピアレビュー」の実施方法を具体的に示し，他者視点の獲得により適切な自己評価を促すことが示唆された．

　つまり，ここまでの章で，適切な自己評価を促すという点から教授法の効果を検証してきたことになる．一方で，パフォーマンスの改善という点からは効果を検証することはできていない．

先行研究では，学生の自己評価の適切さとパフォーマンスの質について，それぞれ分析しているものは存在するが (e.g. Rust et al. 2003)，自己評価ののちに，パフォーマンスがどの程度改善しているかを分析した先行研究は，見当たらない．形成的評価として実施する自己評価が適切であれば，学生は自分のパフォーマンスの優れている点と改善を要する点を把握できるため，その後パフォーマンスの改善が容易となることが期待できる．したがって，学生の自己評価の適切さと，その後のパフォーマンス改善の関係について実証的な検討を行うことは意義がある．

実証的な検討にあたり仮説を導出するために，形成的評価論の理論的な枠組みとして，第1章でも述べた Sadler (1989) を確認する．Sadler (1989) は，評価エキスパティーズを次の2つからなるとしている．

① 目指すスタンダード（または目標または参照水準）を理解すること
② そのスタンダードを実際の（または現状の）パフォーマンスの水準と比較すること

そのうえで，「自分自身のパフォーマンスを目標に近づけるために，学習者自身が適切な行動や戦略を引き出し (pool) から選択できること」(p.138) が重要であるとし，これは，「評価エキスパティーズを有することは，改善のための（十分条件ではなく）必要条件である」(p.138) という考えに基づくという．

十分条件ではないため，評価基準を理解し，それを自分のパフォーマンスに適用して，自己評価が適切にできるようになっているからといって，必ず改善できるというわけではない．しかしながら，必要条件ではあることから，自己評価が不適切な学生と比較した場合には，より大きな改善がみられる可能性がある．

第6章で課題として述べたように，「全水準の評価練習」と「協議ワークを取り入れたピアレビュー」を通しても，自己評価が適切にはならなかった学生も一定数存在する．そこで本章では，Sadler (1989) の枠組みも踏まえて，「協議ワークを取り入れたピアレビュー」ののちの自己評価が不適切であった群と比較して，自己評価が適切であった群は，その後の完成稿におい

て改善ができている度合いが大きいかを検証することにする．

そのことを通して，「全水準の評価練習」と「協議ワークを取り入れたピアレビュー」の効果を，その後のパフォーマンス改善という点から検証することが本章の目的である．

7.2. 分析対象とする授業科目

7.2.1. 2019年度後期を分析対象とする理由

本章の目的を達成するために，以下3点の理由から2019年度後期のデータを用いることとする．

1点目に，「全水準の評価練習」と「協議ワークを取り入れたピアレビュー」の両方を十全に実施したのは，2019年度後期が初めてだったことである．第6章で分析対象とした2019年度前期は，「協議ワークを取り入れたピアレビュー」の前提として「全水準の評価練習」を実施したとはいえ，ルーブリックの観点1のレベル1の典型事例を用意できなかったため，十全な実施とはいえないものであった．したがって，評価練習で各観点・全水準に対応する典型事例を用いることができた2019年度後期以降のデータが，本章の分析に適する．

2点目に，2020年度前期・後期は，コロナ禍によりオンラインでの実施を余儀なくされ，十分な実施ができなかったことである．

3点目に，2021年度前期のデータは，前年度の経験を踏まえたハイフレックス型により十分な実施ができたもののサンプルサイズがN=30と小さい．これは第4章の研究目的のために，金曜クラスで部分水準条件で評価練習を実施したため，「全水準の評価練習」と「協議ワークを取り入れたピアレビュー」の両方を実施した木曜クラスのみのデータしか本章の分析に使用できないためである．

以上から，2019年度後期のデータであれば，十全な実施であり，かつサンプルサイズ（N=75）も確保されているため，このデータを用いて本章の分析を進めることとする．

7.2.2. 2019年度後期の授業科目全体の流れ

2019年度後期「社会学Ⅱ」の授業の概要は，第3章で「全水準の評価練習」の評価練習の実施方法を述べるために3.2.と3.3.でも述べたが，「協議ワークを取り入れたピアレビュー」については述べていなかった．そこで，ここでは両方を含めた全体の流れを示す．また，これらの学習活動以外の授業回で実施した内容についても，概略もあわせて述べる．

授業全体の展開を図7-1に示す．第7回の授業で「全水準の評価練習」を実施した．その詳しい実施手順①〜④は3.3.3.で述べた通りである．その後学生らはレポートの草稿作成に取り組んだ．そして第10回の授業において，学生が持参した草稿を対象に「協議ワークを取り入れたピアレビュー」を実施した．その詳しい実施手順①〜④は5.2.5.で述べた通りであり，最後のステップ④で学生らは「ポスト自己評価」をワークシートに記入して提出した．あわせてレポートの草稿も提出した．

その後，学生らは，約5週間の期間をかけて草稿を改善したうえで，期末レポートの提出期限である第13回の授業日までに完成稿を提出した．その

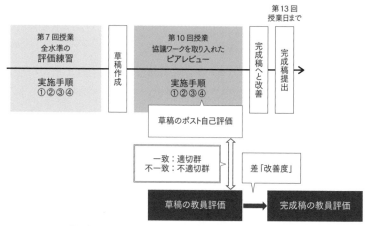

図7-1 「社会学Ⅱ」(2019年度後期)の授業の展開と分析に用いるデータ

間，教員から学生への個別のフィードバックは実施していない．

このような期末レポートは，第3章で述べたように，学習到達目標である「社会学的思考法を用いて，現代のさまざまな社会現象や自分自身の人生・生活の背景にある『しくみ』（社会構造とコミュニケーションの相互作用）を，実践的な水準で分析し説明できるようになる」力を育成・評価するために設計したものであった．ただし，レポート課題だけが，この力を育成する機会であったわけではない．この科目における社会学的思考法を活用する力は，〈読む〉〈書く〉〈聞く〉〈話す〉というコミュニケーションの4つのチャンネルを豊富に使いながら鍛えていくことが意図されており，授業でも教員やTAからその重要性が受講生に伝えられていた．この4つのチャンネルのうち，主に〈読む〉〈書く〉に当てはまるのがレポート課題や，それに関する「全水準の評価練習」「協議ワークを取り入れたピアレビュー」である．一方で，〈聞く〉〈話す〉に該当するのは，毎回の授業で実施していたグループディスカッションである．毎回の授業は，前半の約45分は教員による社会学に関する重要トピックの解説，後半の約45分は「2段階グループディスカッション」と呼ばれている学習活動で構成されていた．「2段階グループディスカッション」では，前半で説明された内容を聞いて浮かんだ「問い」を各学生がグループで共有する．その際，できるだけ「コミュニケーション」「構造」に着目しながら，問いを説明する（例：先生の説明で，若者の投票率が低いという話があった．誰に政治家になってほしいかを伝えるコミュニケーションである投票行動を抑制している構造が背景にあるはずだ．それはどのような構造が考えられるだろうか）．次に，各メンバーから出た問いのなかから，グループ内のメンバー全員にとって最も意義のある「気になる問い」をGoogleフォームに投稿する．教室前方に映し出された各「問い」について，教員がすぐに解説できるものは解説をする一方で，全体での議論しがいのある「深い問い」を教員やTAがピックアップして，再度各グループでディスカッションをするというものである．

以上のように，本授業科目では，一方のレポート課題では〈読む〉〈書く〉というアプローチで，他方の毎回の授業でのグループディスカッションでは

〈聞く〉〈話す〉というアプローチで，社会学的思考法を活用する力を育成することが目指されていた．

7.3. 分析方法

7.3.1. 分析に用いる指標と統計分析

本章の分析で明らかにしたいことは，「協議ワークを取り入れたピアレビュー」ののちの自己評価が不適切であった群と比較して，自己評価が適切であった群は，その後の完成稿において改善ができている度合いが大きいか，であった．

レポートの質の高さを反映した量的指標として，教員が学生のレポートを，ルーブリックを用いて評価した得点（以下，教員評価）を用いる．4.2.4.2. でも述べたように，この教員評価は，2018年度前期より課題・ルーブリックの設計にかかわったTAによる下採点と，社会学を専門とする授業担当者による本採点という複数名の鑑識眼を通したものであることから，適切な評価とみなすことができると判断した[1]．

学生が，草稿から完成稿にかけてどの程度レポートを改善することができているかの指標として，「改善度」を算出する（図7-1の右下）．その算出方法は，「改善度」＝「完成稿の教員評価」－「草稿の教員評価」である．

1.3.3. で述べたように，本書では自律的なパフォーマンス改善を，「教員からのフィードバックに従ってパフォーマンス改善を行う他律的な状態ではなく，学生が自分自身で判断してパフォーマンスを改善できる状態」として捉えている．2019年度後期の授業において，完成稿提出前に教員から個別のフィードバックは実施していないため，このレポート改善は自律的なものといえる．

以上から，自律的なパフォーマンス改善を反映した指標として「改善度」を，分析における従属変数とする．

---

[1] このルーブリックを用いた得点を間隔尺度として扱うことについては，3.4.1. を参照．

次に，独立変数としては，以下の3点を用いる．

まず，自己評価が適切かどうかに関して，データを2群に分ける（図7-1の下部）．「協議ワークを取り入れたピアレビュー」の最後に提出されたポスト自己評価において，教員評価と同じルーブリック得点をつけることができていた群を「適切群」とする．一方，教員評価と異なる自己評価をしていた群を「不適切群」とする．以上の「群」を独立変数の1点目とする．

2点目の独立変数として，ルーブリックの観点によって様相が異なる可能性も考慮して，第6章までの分析と同様，ルーブリックの「観点」も独立変数に用いる．本章の分析に用いる2019年度後期の授業では，2つの観点が設定されているため，この「観点」要因には観点1と観点2が存在する．

独立変数の3点目に「改善度」を従属変数とするにあたり，草稿の時点ですでに優れたレポートを書けていて，改善の余地があまりないケースも存在することを考慮して，「草稿の教員評価」を用いる．草稿の時点でレベル4であれば，それ以上ルーブリック得点が向上することはない．また，レベル3の場合では，レベル4を目指したとしても難易度が高くて到達しない可能性もありえる．このように，草稿の時点での教員評価によって改善度の様相が異なることがありえるため，「草稿の教員評価」も独立変数に用いることとする．

以上から，本章では「群（適切群／不適切群）」と「観点（観点1／観点2）」と「草稿の教員評価」をそれぞれ参加者間要因，「改善度」を従属変数とする3要因分散分析を行う．

3要因分散分析は，2次の交互作用（3つの要因の交互作用）や1次の交互作用（2つの要因の交互作用）が有意であった場合に，下位検定として単純交互作用検定，単純・単純主効果検定，単純主効果検定を実施することになる．その手順については平井ら（2022）を参考にした．

7.3.2. 統計分析の手続き

第3〜6章と同様，分析は以下の手続きで行う．統計処理ソフトはR(Ver. 4.1.0)およびRStudio (Ver. 1.4.1717)を用いる．分散分析にはanovakun関数

およびそこに含まれる anovatan 関数を用いる．平均値の差の効果量である標準化平均値差 d（Hedges 1981, p.110）の計算には compute.es パッケージの mes 関数を用い，d として出力されるものを報告する．この効果量 d の大きさを解釈する際には，Cohen（1988）による目安（0.8 で大，0.5 で中，0.2 で小）を基準として用いる．

7.4. 結果と考察

7.4.1. 適切群・不適切群の群分け

研究協力の同意を得られた受講生のうち，欠損データを含む者を除いた 75 名を分析対象とした．

まず，1 つ目の独立変数となる群分けを行うため，「協議ワークを取り入れたピアレビュー」の最後のステップであるポスト自己評価における「自己評価の不適切さ」を算出し，度数分布表を作成した（表 7-1）．ポスト自己評価の不適切さが 0.5 や 1.5 という小数になっているデータが存在するのは，ポスト自己評価におけるレベルを「2or3」のように複数のレベルをワークシー

表7-1 ポスト自己評価の不適切さの度数分布表

ポスト自己評価の不適切さ	観点1	観点2	合計
0	31	42	73
0.5	0	1	1
1	27	18	45
1.5	1	0	1
2	10	11	21
3	6	3	9
合計	75	75	150

トに記入していた学生が存在したためである．「自己評価の不適切さ」が0.5のケースは，完全に教員評価と一致しているケースと比較すると，評価基準の理解や自分のパフォーマンスを見直すことができているとはいいがたく，同じ分類に含めることは妥当でない．このため，「自己評価の不適切さ」が0.5のケースを「不適切群」に分類することとした．

分類した結果，観点1に関しては，75件のうち31件が適切に自己評価できており「適切群」とした．一方，残りの44件は適切に自己評価できておらず，これらを「不適切群」とした．同様に，観点2に関しては42件を「適切群」，残りの33件を「不適切群」とした．

合計すると，150件のうち約半数の73件が「適切群」，77件が「不適切群」となり，ほぼ同数となった．

次に，これら「適切群」「不適切群」について，草稿から完成稿にかけて教員評価がどのように推移しているのかを確認するためにグラフを作成した（図7-2）．その際，草稿の時点で教員評価が高いケースと低いケースとでは，改善の余地の大きさが違うため様相が異なると予想されるので，草稿の教員評価ごとにグラフを作成した．草稿の教員評価が0～2であり改善の余地が大きくある草稿については，適切に自己評価できている群のほうが，改善度が大きいことが見て取れる．一方，草稿の教員評価が3もしくは4であり，改善の余地が大きくない草稿については，自己評価が適切にできていたとしても，改善できるわけではないことが見て取れる．

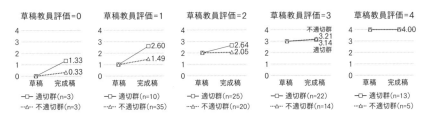

図7-2　草稿自己評価の適切群・不適切群それぞれの教員評価の推移

7.4.2. 3要因分散分析の結果

それでは，このような改善度の違いは，統計的に意味のある差なのだろうか．これを確認するために3要因分散分析を実施する．なお，「草稿教員評価が0」かつ「観点1」かつ「自己評価が適切群」という組み合わせに当てはまる学生数が0であった．サンプルサイズが0の場合には分散分析を実行できないため，「草稿教員評価が0」のケース（計6件）については分散分析の対象から除外した．

「草稿教員評価（1～4）」と「群（適切群／不適切群）」「観点（観点1／観点2）」をそれぞれ参加者間要因，「改善度」を従属変数とする3要因分散分析の結果を，表7-2に示す．上から順に，「観点」「草稿教員評価」「群」の主効果，「観点」と「草稿教員評価」の1次の交互作用，「観点」と「群」の1次の交互作用，「草稿教員評価」と「群」の1次の交互作用，そして最後に3つの要因全ての2次の交互作用を表す．

「観点」が含まれている2次の交互作用，1次の交互作用，主効果の全てが非有意であることから，観点1と観点2の違いは，「改善度」に影響を与えていないと考えられる．

表7-2　3要因分散分析の結果

	F	$df1$	$df2$	p		η_p^2
観点	2.641	1	128	.107		.020
草稿教員評価	9.385	3	128	.000	**	.180
群	7.118	1	128	.009	**	.053
観点 * 草稿教員評価	1.207	3	128	.310		.028
観点 * 群	0.368	1	128	.545		.003
草稿教員評価 * 群	2.447	3	128	.067	†	.054
観点 * 草稿教員評価 * 群	0.217	3	128	.884		.005

†は10%有意傾向，**は1%有意

第7章 自己評価に基づく自律的なパフォーマンス改善に関する検証

また，2次の交互作用が非有意であったため，その下位検定である単純交互作用検定や，単純・単純主効果検定は実施しなかった．

一方，「草稿教員評価」と「群」の1次の交互作用は10％有意傾向であったことから，下位検定である単純主効果検定を「教員草稿評価」の各水準について実行した．

単純主効果検定（水準別誤差項を用いた方法）の結果を表7-3に示す．

まず，「草稿教員評価」がレベル1の場合，「群」要因が5％有意であった．具体的には，自己評価が不適切な群では「改善度」が平均0.49（標準偏差0.85）であるのに対し，適切な群では平均1.60（標準偏差1.17）であった．効果量として標準化平均値差 d を算出すると，$d=1.20$ であった．Cohen（1988）の目安では $d=0.8$ で大きな効果とされているので，これは非常に大きな差といえる．

次に，「草稿の教員評価」がレベル2の場合も，「群」要因が1％有意であった．自己評価が不適切な群では「改善度」が平均0.05（標準偏差0.22）である

表7-3 単純主効果検定の結果

	変数名	F	$df1$	$df2$	p		η_p^2
草稿教員評価=1	観点	2.774	1	41	.103		.063
	群	6.401	1	41	.015	*	.135
草稿教員評価=2	観点	0.004	1	41	.952		.000
	群	8.731	1	41	.005	**	.176
草稿教員評価=3	観点	6.168	1	32	.018	*	.162
	群	0.214	1	32	.647		.007
草稿教員評価=4	観点	0.000	1	14	1.000		.000
	群	0.000	1	14	1.000		.000

*は5％有意，**は1％有意

のに対し，適切な群では平均 0.64（標準偏差 0.76）であった．効果量として標準化平均値差 d を算出すると，$d=1.01$ であった．レベル1の場合と同様に，レベル2の場合も，適切群と不適切群では，改善度に非常に大きな差があるといえる．

一方で，「草稿の教員評価」がレベル3の場合は，「群」要因は非有意であった．「観点」要因については5%有意であり，観点1の「改善度」の平均 0.05 よりも，観点2の「改善度」の平均 0.36 のほうが大きかった．

最後に，「草稿の教員評価」がレベル4の場合は，両方の要因が非有意であった．

7.4.3. 考察

以上の結果から，草稿がレベル1やレベル2のように改善の余地が大きな場合，それを自己評価で自覚していれば改善できるということが明らかになった．これについて，「協議ワークを取り入れたピアレビュー」におけるポスト自己評価がどのようなものであったかという点と，改善における自律性という2つの観点から考察を行う．

まず，「協議ワークを取り入れたピアレビュー」の最後のステップであるポスト自己評価では，ワークシートにルーブリック得点とその根拠を記入したあとに，「改善のために提出までに何をするか」も記入することになっている（付録6-1の③のワークシート）．そして，自分の記入したワークシートの内容を参照しながらレポートの改善に取り組むように，教員・TAから学生に教示していた．したがって，学生はレポートを修正する際に，「協議ワークを取り入れたピアレビュー」におけるワークシートのなかでも，特にポスト自己評価欄に記入したことを意識し修正に取り組んだことが，レポートの改善につながった可能性が高いといえる．

また，草稿が提出された第10回の授業から，完成稿の提出期限までの間に，教員からの個別のフィードバックは行われていなかった．本書では，第1章で述べたように，教員からのフィードバックに従ってパフォーマンス改善を行う他律的な状態ではなく，学生が自分自身で判断してパフォーマンス

を改善できる状態を自律的なパフォーマンス改善と捉えている．この意味で，本章の分析でみられた学生のレポート改善は，自律的なものであったといえる．もっとも，より高い自律性としては，評価基準が教員から示されない状態でも優れたパフォーマンスができたり，「全水準の評価練習」や「協議ワークを取り入れたピアレビュー」といった評価活動が授業で実施されなくとも，優れたパフォーマンスができたりする状態などがありうる．本章ではそういった意味での自律性は検証していない．本書で開発する教授法は，こういった状態まで踏み込むものではなく，初学者を対象とする授業において，教員からのフィードバックがなくとも学生自身が優れた点・改善すべき点に気づいて，パフォーマンスが改善されることを目指すものである．そういった自己評価に基づいてパフォーマンスが改善されたという意味において，本章の分析結果から，学生のパフォーマンス改善は自律的であったといえる．

以上の2点から，草稿レポートには改善の余地があることを，「協議ワークを取り入れたピアレビュー」のポスト自己評価において適切に判断できていた学生は，自己評価に基づいた自律的な改善ができていたとまとめることができる．

一方，草稿がレベル1やレベル2のように改善の余地があるにもかかわらず，それを自己評価で自覚していない場合は，改善度が小さいことが確認された．7.1.で述べたSadler (1989) の論を踏まえれば，自己評価が適切にできることは，パフォーマンスを改善できることの必要条件と捉えることができるため，必要条件が満たされていなければ，改善が望めないのはある意味当然の結果ともいえる．

また，単純主効果検定において「草稿の教員評価」がレベル3の場合は，「群」要因は非有意であったことから，草稿に改善の余地が小さい場合は，学生がそれを自覚していたとしても，改善することは難しかったといえる．本授業では，ルーブリックのレベル3が到達してほしい水準と位置づけており，レベル4はそれをさらに上回る「いわばボーナスステージ」であると教員・TAから学生に教示していた．図7-2において，草稿でレベル3であっ

た場合の完成稿の平均点が 3.14（適切群），3.21（不適切群）と上昇分はわずかであることからも，レベル 4 は達成することが難しい水準であると解釈できる．草稿レベル 3 の単純主効果検定において「観点」は有意で，観点 1 の改善度がより小さかったことから，観点 1 のレベル 4（レベル 3 の水準に加えて，報道や日常会話などにおける一般的な説明よりも深い説明によって，読んだ人に新たな認識枠組みを提供するような説明ができている）はよりいっそう達成が困難な水準であったとうかがえる．

7.5. まとめ

　本章では，「全水準の評価練習」と「協議ワークを取り入れたピアレビュー」の両方を実施した 2019 年度後期のデータの分析から，パフォーマンスに改善の余地があることを適切に自己評価できていた学生は，その自己評価に基づいて自律的にパフォーマンスを改善することができたことが明らかになった．

　したがって，「全水準の評価練習」と「協議ワークを取り入れたピアレビュー」について，自己評価に基づく自律的なパフォーマンス改善という点から効果を検証することができた．

第8章

総括

8.1. 研究結果を踏まえた教授法の構築

8.1.1. 研究結果の整理

　本書の目的は，コンピテンシー育成を目指す大学の授業において，評価基準の理解と他者視点の獲得という両方から，学生が適切に自己評価できるよう支援することで，初学者の学生が自己評価に基づいてパフォーマンスを自律的に改善することを促す教授法を開発することであった．

　第1章では，本書の目的の背景や問題を述べた．まず，現代社会では人々が直面する課題が複雑化していることと，あらゆる活動において知識・スキルを活用する重要性が高まっていることを踏まえ，大学教育において学生のコンピテンシーを育成することが求められていることを確認した．コンピテンシーを育成する機会としてパフォーマンス課題が機能するためには，学生が自分のパフォーマンスを改善しようとすることが必要である．パフォーマンスの改善を学生に促す方法として，教員がフィードバックを行うことはいくつかの限界が指摘されているなか，学習者を評価の主体とする近年の形成的評価論は注目に値する．そこでは，学生が自分のパフォーマンスを自己評価することで，優れた点や改善点に自ら気づき，自律的にパフォーマンスを改善できる状態が目指されている．だが，特に初めて当該分野の課題に取り組む初学者にとって，評価基準を理解することが難しいこと，評価基準を自

分のパフォーマンスに適用する際には他者の視点を踏まえることが難しいこと，という2つの理由から，適切に自己評価することは容易ではない．したがって，初学者が自己評価に基づいてパフォーマンスを改善することを促すには，評価基準の理解と他者視点の獲得の両方からアプローチする教授法が必要である．だが，その両方に着目する先行研究は限定的であり，数少ない先行研究には，実施方法に改善の余地があったり，効果検証が十分でなかったりするという問題が存在する．そこで本書では，評価基準の理解と他者視点の獲得という両方にアプローチすることで，コンピテンシー育成を目指す大学の授業において，初学者の学生が自己評価に基づいて，自律的にパフォーマンスを改善することを促す教授法を開発することを目的とした．

続く第2章では，教授法に取り入れるべき要素として学生が評価主体となる評価活動に着目する理由を述べた．次に，学生主体の評価活動には，自分のパフォーマンスを評価する「自己評価活動」，他の受講生とパフォーマンスを評価しあう「ピアレビュー」，典型的なパフォーマンスの事例を評価する「評価練習」の3つが存在すると整理した．それぞれの利点・課題を先行研究に基づいて整理し，本書で開発する教授法では，「評価基準の理解から適切な自己評価を促す評価活動」として「評価練習」を実施したうえで，「他者視点の獲得から適切な自己評価を促す評価活動」として「自己評価活動」と「ピアレビュー」を実施することがよいと考察した．

第3章では，評価基準の理解を促す利点をより大きくするような評価練習として，「全水準の評価練習」の実施方法を具体化した．先行研究では，ルーブリックに存在する水準の一部分に対応する典型事例を用いた評価練習の実施方法が報告されているが，全ての水準に対応する典型事例を用いることで，隣接する水準間の差異が明確となり，より効果的に評価基準の理解を学生に促す可能性が考えられる．そこで，ルーブリックに存在する全ての水準に対応する典型事例を用いて実施する評価練習を「全水準の評価練習」と呼称することにした．授業実践を通してその実施方法を具体化するとともに，前年度のデータとの比較から，「全水準の評価練習」には評価基準の理解を促す効果があるという示唆を得た．ただし，部分的な水準との効果の比較

や，自己評価の適切さに与える効果は第3章では検証できなかった．

そこで，続く第4章では，「全水準の評価練習」が自己評価に与える効果を検証するため，同一科目・異なる曜日の授業で実施した「部分水準の評価練習」と比較を行い，学生が自分のレポートを適切に評価できるか，という点から効果を検証した．その結果，「全水準の評価練習」に取り組んだ学生のほうが，自己評価の適切さに与える効果が有意に大きかった（5％有意水準）．第3章の結果とも合わせると，「全水準の評価練習」は，学生に評価基準の理解を促し，自分のパフォーマンスを適切に評価することを促す効果の高い実施方法であると考えられる．

第5章では，ピアからの評価の無批判な受容という課題を解決することで，他者視点の獲得から適切な自己評価を促す効果を高めるようなピアレビューとして「協議ワークを取り入れたピアレビュー」の実施方法を具体化した．自己評価Ⅰ→〈他者評価〉→自己評価Ⅱという自己評価の成長プロセスを示す理論的枠組みを参照した．そして，ピアからの評価の無批判な受容という課題を解決するために，ピアからの評価を何かと比較することで誤っている可能性を含めて批判的に検討できることに着目し，自己評価の結果とピア評価の結果を両者で比較してズレた理由を話し合う活動を「協議ワーク」と呼称した．具体的な手順は，①事前に自己評価する→②ピアを評価する→③①②の結果を比較する協議ワーク→④再度自己評価する4ステップである．授業実践を通して実施方法を具体化したが，十分な効果検証には至らなかった．その理由を考察し，「協議ワークを取り入れたピアレビュー」の前提として，評価基準の理解が重要であるという示唆を得た．また，サンプルサイズが25名と小さかったという分析上の限界もあった．

そこで，続く第6章では，「全水準の評価練習」を実施したうえで，「協議ワークを取り入れたピアレビュー」を実施し，サンプルサイズを確保した87名分のデータを分析した．その結果，協議ワークの前後で「自己評価の不適切さ」は小さくなっていた（5％有意水準）．ピアからの評価得点を踏まえた考察から，学生はピアからの評価を無批判に受容することなく，参考情報として活用した結果として，自己評価が適切になった可能性があると考察し

た．

　そして，第7章では，「全水準の評価練習」と「協議ワークを取り入れたピアレビュー」を通して自己評価が適切にできるようになった学生は，その後パフォーマンスを改善できているかを検証した．分析の結果，草稿レポートに改善の余地があることを適切に自己評価できていた場合は，適切に自己評価できていない場合と比較して，完成稿への改善度が大きかったことが明らかになった．このことから，教員からのフィードバックがなくとも，自己評価に基づいて自律的にパフォーマンスが改善できるという点から教授法全体の効果を検証することができた．

8.1.2. 自己評価に基づく自律的なパフォーマンス改善を促す教授法

　以上の研究結果を統合すると，図8-1のようにまとめることができる．準備を含め5つのフェーズからなる一連の流れを「自己評価に基づく自律的なパフォーマンス改善を促す教授法」とする．以下，それぞれのフェーズについて，詳述する．

　フェーズ1では，まず準備として，授業で育成を目指すコンピテンシーを発揮しなければ応えることができないようなパフォーマンス評価を準備す

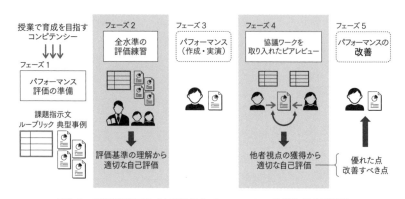

図8-1　自己評価に基づく自律的なパフォーマンス改善を促す教授法

る．具体的には，課題指示文，ルーブリック，そしてルーブリックに存在する全ての水準に対応する典型事例を準備する．なお，そもそも課題にまったく応えていないようなパフォーマンスを評価するための水準に関しては，学生がその意味を理解できると判断できる場合には，典型事例を準備する必要はない．

フェーズ2では，授業において「全水準の評価練習」を実施する．ルーブリックに存在する全ての水準に対応する典型事例を，適切な評価結果を伏せた状態で学生に提示し，学生が評価したうえで，教員からの解説や質疑応答を行う．このような「全水準の評価練習」によって，評価基準の理解から，学生に適切な自己評価を促すことができる（第3章・第4章）．

フェーズ3で，学生は課題に取り組む．この際，「全水準の評価練習」で理解した評価基準が学生の参考になるが，それを自分のパフォーマンスに適用する際に他者の視点を踏まえることは，初学者にとって難しい．

そこで，フェーズ4として，パフォーマンスを授業に持ち寄って，「協議ワークを取り入れたピアレビュー」に取り組む．ここでは，自己評価とピア評価を互いの結果がわからないように独立して実施したうえで，両者を比較し，得点や根拠にズレがある箇所について，なぜズレたのかの理由を両者で話し合う．その後，再度，独立した環境において自己評価を行い，自分のパフォーマンスの優れた点と改善すべき点を明確にする．こうすることによって，他者の視点の獲得から，学生に適切な自己評価を促すことができる（第5章・第6章）．

そしてフェーズ5では，「協議ワークを取り入れたピアレビュー」を通して明らかになった自己評価に基づいて，自分のパフォーマンスの優れた点を伸ばし，改善すべき点を改善する作業に学生は取り組む．特に，改善の余地があることを自己評価において自覚している場合，自覚していない場合よりも，改善できる度合いが大きい（第7章）．

以上のような5つのフェーズからなる本教授法を実施することで，教員からの個別のフィードバックがなくとも，自己評価に基づいて自律的にパフォーマンスを改善することを学生に促すことができる．

8.1.3. 本教授法の実施可能性

第1章で述べたように，本書では，当該課題に初めて取り組むような初学者を対象として，コンピテンシー育成を目指す大学の授業において実施されることを想定して検討を行ってきた．すなわち，「自己評価に基づく自律的なパフォーマンス改善を促す教授法」は，コンピテンシー育成を目指す大学の授業において実施されることを想定している．とはいえ，第3～7章のフィールドは，ある国立大学の学部横断型の教養科目「社会学Ⅰ」「社会学Ⅱ」であり，その固有性がある．そこでここでは，フィールドの固有性を踏まえつつ，どのような授業であれば，本教授法は実施可能と考えられるのか，授業科目の分野，授業科目のカリキュラム上の種別，課題の形式という点から述べる．

まず，授業科目が依拠している分野の違いについて検討する．パフォーマンス課題（リアルな状況で，さまざまな知識や技能を総合して使いこなすことを求めるような課題（松下 2012））は，学問的であれ職業的であれ，さまざまな分野の授業科目において実施しうるものである．学生がパフォーマンス課題に取り組む前に「全水準の評価練習」を実施したり，「協議ワークを取り入れたピアレビュー」で改善点を学生が自ら見出したりすることは，どういった分野でも実施可能であるように思われる．コンピテンシー育成の機会としてパフォーマンス課題を取り入れようとする授業が背景とする分野にはさまざまなものがありうるが，それらに共通する構造を取り出して，学生の自律的なパフォーマンス改善を促す方法を提示したものが，本教授法の位置づけといえる．

次に，教養科目・専門科目といったカリキュラム上の種別について検討する．本書のフィールドは，学部横断型の教養科目であった．それゆえ，社会学の初学者を対象とした授業の設計が行われていた．専門科目の場合でも，当該科目で育成したいコンピテンシーを要する課題に初めて取り組む初学者を対象にしている場合には，本教授法が実施可能と考えられる．

最後に，パフォーマンス課題の形式という点では，パフォーマンス課題には作品形式と実演形式があるなかで，本書のフィールドで用いたパフォーマ

ンス課題は，社会学的思考法を活用したレポート課題であり，作品形式にあたる．

それでは，実演形式でも，「自己評価に基づく自律的なパフォーマンス改善を促す教授法」は実施できるのだろうか．「全水準の評価練習」で用いる典型事例は，授業中に教員等が実演するほかに，パフォーマンスを録画したものを学生に提示する方法が考えられる．例えば，医療実習であれば，優れたパフォーマンスと改善を要するパフォーマンスをビデオで撮影しておき，これを評価対象として評価練習に取り組むなどの方法がありうる．「協議ワークを取り入れたピアレビュー」についても，学生が，ピアの目の前で実演するか，実演を録画したものを交換するという方法によって，実施可能と考えられる．1回目の実演に対して「協議ワークを取り入れたピアレビュー」を行い，そこで見出した改善すべき点を踏まえて，学生が改善に取り組む，という流れとなる．

以上のように，実施可能性という点では，授業科目の分野やカリキュラム上の種別，課題の形式が異なっていても，図 8-1 の各要素は変更せずに実施可能と考えられる．

ただし，効果という点では，必ずしも本書のフィールドと同様の効果が得られるとは限らない．これに関しては，8.3.1. で詳述する．

8.2. 本書の意義

ここでは本書の意義を，大学教育への示唆，および学術的新規性のそれぞれの観点から述べる．

8.2.1. 大学教育への示唆

大学教育への示唆という観点では，本書は次のような 4 点の特徴を有しているとまとめることができる．

まず 1 点目は，本書で構築した「自己評価に基づく自律的なパフォーマンス改善を促す教授法」は，教員負担を増大させがちな学生への個別のフィー

ドバックを含まないため，一定の実行可能性 (feasibility) を有する点である．第1章でも述べたように，学生のパフォーマンスを改善する方策として，教員から個別のフィードバックを与えることは教員の評価負担が増大し，実行可能性の問題が生じる．特に，フィードバックを受けて学生が改善し再度提出したパフォーマンスを今度は成績づけのために教員が再度評価する場合には，形成的評価と総括的評価の2回の評価負担が生じることになる．

少人数の授業科目であれば，学生個別にフィードバックを行うことは可能であろう．実際，小野ら (2018) は学生へのフィードバックを含むパフォーマンス評価を通じて「学生の生き生きとしたパフォーマンスやその向上を直接観察しえた筆頭著者は，これまでの評価の時間や労力を過大であったと感じていない」(p.42) と述べる．だが，これは1学年20名前後と比較的少人数のクラスにおける授業科目であった．数十名を超えるような中規模以上のクラスサイズの場合には，個別のフィードバックを形成的評価として実施することは必ずしも実行可能性を有するとはいえないだろう．

そういった中規模以上のクラスサイズの授業では，コンピテンシー育成を目指すことはそもそも妥当ではないという意見もありうる．しかし，例えば本書のフィールドのように，学部横断の教養科目において，コンピテンシーを育成したいと考えたり，コンピテンシーに該当する能力の育成を学習目標に明記したりしている授業実践者は少なからず存在すると思われる．本書では，受講登録者数が概ね40～50名というクラスサイズの授業において，「全水準の評価練習」と「協議ワークを取り入れたピアレビュー」を実施する具体的な方法と，その効果を示すことができた．

また実際，本書のフィールド「社会学Ⅰ」「社会学Ⅱ」では，筆者がTAとして授業にかかわることを完了して以降，2022年度の授業においても，授業担当教員1人で，「全水準の評価練習」および「協議ワークを取り入れたピアレビュー」が実施されている．このことは，本教授法が過度な教員負担を伴わないことを示す一例といえるであろう．以上のように，教員の評価負担を考慮して構築した本教授法は，中規模以上のクラスサイズの授業であっても，コンピテンシー育成を諦めずに授業を実施する可能性を切り開く

ものであると考えられる.

　2点目は,事例としての参照可能性を高めるために,実践における学生のパフォーマンスの質の高さや,自己評価の適切さを,計量的に示した点である.このことにより,本書のフィールドとは異なる授業実践において,学生の自己評価や教員による評価を集計して,本書で報告した各種指標と比較することが可能である.例えば,各学生のパフォーマンスについて,教員評価得点と自己評価得点の集計があれば,差分の絶対値を計算し「自己評価の不適切さ」を算出することができる.本書のフィールドでは4点満点のルーブリックを用いた得点であったが,集団によって満点やばらつきが異なることを考慮した効果量として,本書では標準化平均値差 d を併せて報告した.これにより,4点満点ではないルーブリックを用いている授業における効果と比較することが可能であり,本書で報告している値や授業の文脈の差異に着目することで,授業の改善に役立つ情報が得られると考えられる.

　次に3点目は,ルーブリックおよび典型事例は成績づけのツールとしてのみならず,授業において学生の学習を促進するための教材として有効に活用できることを,明確に示したことである.

　近年,ルーブリックを学修成果の評価のために活用することが,大学教育に求められている(中央教育審議会 2012, 中央教育審議会大学分科会 2020)一方,普及率は決して高いとはいえない状況にある.令和元年度の文部科学省の調査によれば,学部における一部の科目で成績評価基準をルーブリックで明示している大学の割合は,28.2%に留まっている(文部科学省高等教育局大学振興課大学改革推進室 2021).成績づけのためだけに導入するのであれば,ルーブリックを作成したりそれに基づいて採点したりするコストは,教員にとって決して小さくないためだろう.加えて,評価基準として妥当なルーブリックを作成しようとすれば,各水準に典型的なパフォーマンスの事例(本書でいう典型事例)を集めて,それと対応するように記述語を作成していくことが肝要である(田中 2008, 西岡 2016, 石井 2020).だが,成績づけのためだけに典型事例を用意すると捉えるならば,教員にとってのコストをさらに増大させることとなるだろう.

これらを踏まえると，成績づけのためだけにルーブリックや典型事例を作成することは大学教員にとって魅力的とはいいがたい．そこで，ルーブリックを教員による評価ツールとしてだけでなく，学生の学習をより効果的なものにするための材料として活用していくことが注目されつつある（星・越川 2020）．

だが，ルーブリックを教材として活用するにしても，配付・解説するだけでは，学生は適切に自己評価することができなかったり，それゆえ学習に役立てることが難しかったりするという問題も国内外で指摘されてきた（斎藤ら 2017a, O'Donovan et al. 2001, Hendry et al. 2012）．配付・解説する以外の具体的な活用方法については，十分な知見が存在していたとはいいがたい．

こういった状況において，ルーブリックに加えて典型事例を教材として位置づけて，授業での具体的な活用方法を「全水準の評価練習」として示した本書は，一定の意義を有すると考える．「全水準の評価練習」を通して，学生はパフォーマンス課題の評価基準を理解し，適切に自己評価できるようになるという効果が示された．そして，「協議ワークを取り入れたピアレビュー」と併せて実施することで，教員同様に自己評価できるようになった学生は，その後パフォーマンスを改善できるようになると期待できる．ルーブリックと典型事例を作成することは時間的コストを要するが，一度作成すれば次年度以降にも微調整しながら使い続けることも可能である．

以上のように，わが国の大学教育において普及が進んでいないルーブリックや，それに対応する典型事例は，成績づけのためだけではなく，自己評価に基づく自律的なパフォーマンス改善を促すという目的のために，教材としても利用可能であることを示した点に，大学教育的意義があると考える．

最後に4点目は，ピアレビューのより効果的な実施方法を具体的に示した点である．近年，大学や教員によって差はあるものの，大学の授業では，講義一辺倒からの脱却を目指して，アクティブラーニング型授業の実施が推進されている．そういったアクティブラーニングの1つとして，学生同士がレポート等学習成果物を交換してコメントしあったり，自分の成果物を振り返ったりするピアレビューを位置づけることもできる．アクティブラーニン

グを導入しようとする授業実践者にとってピアレビューは，多くの準備を要するわけではないため，比較的導入しやすい学習活動といえる．

だが，第2章で整理したようにピアレビューには，ピアからの評価結果が誤っていても，本人が無批判に受容してしまうことがある（Yucel et al. 2014）という課題がある．こういった課題に対処しなければ，ピアレビューの利点は損なわれてしまう．本書では，ピアから評価を受け取る前に自己評価を実施して，それらを比較する協議ワークを取り入れることで，こういった課題に対処できる可能性を示した．授業にピアレビューを導入するのであれば，自己評価や協議ワークをあわせて実施することで追加的にかかる準備コストはほとんどないため，「協議ワークを取り入れたピアレビュー」はアクティブラーニングの1つとしても比較的導入しやすいものと思われる．

以上のような4点の特徴を有するため，特にコンピテンシーのような知識・スキルを活用する力の育成を目指す授業において，教員の評価負担を増大させることなく，ルーブリックや典型事例を教材として活用し，学生主体の評価活動を実施する具体的方法を提供しうることが，本書の大学教育的意義である．

8.2.2. 学術的新規性

次に，学術的新規性の観点から本書の意義は，以下の2点にまとめることができる．

まず1点目は，従来の先行研究のほとんどは，評価基準の理解のみから（e.g. Rust et al. 2003），あるいは他者視点の獲得のみから（e.g. Reinholz 2015），学生に適切な自己評価を促そうとするものであった．しかし，本書では，それら両方から適切な自己評価を促す教授法を開発した点である．

自己評価には，評価基準を理解するという段階と，評価基準を自分のパフォーマンスに適用するという段階がある．前者においては，評価基準の背景には専門分野があるゆえに，初学者にとっては評価基準の理解が難しい．後者においては，他者の視点を踏まえて自分のパフォーマンスを認識することが難しい．学生が適切に自己評価することを促すためには，この両方にア

プローチする必要がある．そこで本書では，評価基準の理解を促す効果の高い評価活動として「全水準の評価練習」を開発し，他者の視点を踏まえて自分のパフォーマンスに評価基準を適用することを促す効果の高い評価活動として「協議ワークを取り入れたピアレビュー」を開発し，その両方を取り入れた教授法を提案した．実際，第5章・第6章の分析からは，ピアレビューの実施前に評価基準を理解しておくことの重要性が示唆された．「全水準の評価練習」と「協議ワークを取り入れたピアレビュー」のどちらか片方ではなく，両方とも必要であることが授業実践からも確かめられた．

2点目は，自己評価の適切さに着目している先行研究では，その測定にあたり，アンケートを通じた主観的有効性に留まった間接的な評価に基づくものが多かったが，本書では，実際の学生のパフォーマンスに基づく直接的な評価方法を用いて自己評価の適切さを指標化して，教授法の効果を検証した点である．

学生が，自己評価に基づいて自律的にパフォーマンスを改善できる状態を目指す研究を進めるにあたり，その自己評価が適切か，実際にパフォーマンスが改善できているのか，という点から効果を検証することは重要と思われる．にもかかわらず先行研究で学生の自己報告に基づくものが多かった理由を推測するに，パフォーマンスの質の高さを量的な指標に変換することが難しかったのかもしれない．本書では，田中 (2008)，西岡 (2016)，石井 (2020) といったわが国の教育評価論の知見を参考に，評価基準として妥当性の高いルーブリックを作成したうえで指標算出に用いた．これにより，パフォーマンスの質の高さや，学生の自己評価を量的な指標として扱うことができた点は，本研究領域における方法論的な学術的意義といえるだろう．

8.3. 本書の課題と今後の展望

ここでは，本書に残された課題を次の4点に整理し，それを踏まえた今後の展望について述べる．

8.3.1. 効果検証を行った授業の固有性

本書に残された課題の1点目は，さまざまな文脈的条件の授業において，必ずしも本書と同様の効果がみられるとは限らない点である．本書の第3～7章における効果検証は，特定の大学における同一教員による授業科目のみであった点である．3年半にわたる授業実践のなかで，年度や学期によって授業の実施形態や到達目標の一部が異なるなど，多少のバリエーションは存在するものの，社会学という分野や，レポートという課題の種類など，授業の基本的な条件は一貫して同じであった．

特に，本書のフィールドは，入試選抜性の高い大学における授業であったことには留意が必要である．高校でのアクティブラーニング型授業に関する論考のなかで溝上 (2018) は，進学校の生徒は，自分の外側にある準拠点に対して，自分の内側にあるものを合わせていくアウトサイドインによる適応力が高い傾向にあると述べ，「教師が求めること，期待することを読み取り，それに合わせることは彼らの十八番である」(p.61) という．これを踏まえると，教員の用意したルーブリックや典型事例を用いて，課題で何が求められているかを学ぶ「全水準の評価練習」や，それを通して理解した評価基準を用いて取り組む「協議ワークを取り入れたピアレビュー」が，多様な学力の大学でも効果があるかは，引き続き検討を要するだろう．

本書では，8.2.2.で述べたように，事例としての参照可能性を高めることを心掛けたが，より一般的な知見を導出するには，さまざまな文脈の授業における実証的研究を要する．

8.3.2. ルーブリックを使用することの是非

また，課題の2点目は，ルーブリックを使用することの是非について実証的な検討ができなかった点である．第2章の議論では，学生主体の評価活動においてルーブリックは「評価基準を言語的手段によって確認するためのツールとして用いることがある」と整理した．すなわち，ルーブリックを用いることは，学生主体の評価活動において必ずしも前提ではない．第3～7章の実施方法の具体化・効果検証のフィールドでは，社会学における文章作

成という課題の種類を鑑み，評価基準を言語的手段によって示すことが初学者の理解を助けると考えられたため，ルーブリックを用いた．その結果，本書で構築した教授法（図8-1）はルーブリックを含めたものになっている．自己評価に基づく自律的なパフォーマンス改善を促そうとする先行研究の多くは，ルーブリックを肯定的に捉えている（e.g. Panadero et al. 2016）ため，本書の提案は先行研究の動向に沿うものともいえる．

しかし一方で，第1章で概説したように，この研究分野の理論的土台の1つとして頻繁に参照されるSadler（1987, 1989）は，近年の論文（Sadler 2009, Sadler 2014）においてルーブリックにラディカルな批判を展開している（石田2021a, 石田2021c）．そこで以下では，その批判の内容を確認することを通して，ルーブリック使用の是非について今後どのような実証的検討が必要なのかを述べる．

近年のSadler氏による批判の1点目は，事前に評価規準（criteria）が複数設定された分析的ルーブリックでは，各評価規準の点数の総和が，本来捉えるべきパフォーマンスの全体的な質の良し悪しと一致しないという「全体的判断と分析的判断の不一致」の問題（Sadler 2009, p.165）である．確かに，事例に基づいて慎重にルーブリックを教員が作成したとしても，実際の授業における学生のパフォーマンスが，事前に設定した評価規準（criteria）では捉えきれない特徴を有していることはありうる．本書で提案した教授法に含まれる自己評価活動やピアレビューでいえば，評価対象がそのようなパフォーマンスであった場合，ルーブリックを用いることで，改善すべき点を学生が把握できない恐れがある．また，ルーブリックで示された観点に沿って改善したとしても，教員からみると全体的な質は向上していないということも起こりうる．このように，Sadler（2009）の批判を踏まえると，「協議ワークを取り入れたピアレビュー」でルーブリックを使用することの課題として，学生が改善点を検討する際の観点が，教員が事前に設定したものに限定されてしまい，パフォーマンスの全体的な質を向上させることができない可能性を孕んでいるという点が浮かび上がる．

ルーブリックに対する批判の2点目は，そもそも記述語によってスタン

第8章 総括

ダードを定義することは，本質的には不可能という点である（Sadler 2014）．その理由の1つは，ルーブリックの記述語は，特定の学生集団における相対的な特徴（例えば，「傑出している」）を用いることが典型的であるため，絶対的なスタンダードが表現されているわけではないということである．Sadler（1987）では，この問題を乗り越えるものとしてルーブリックと典型事例を補完的に用いることが提案されていたが，これについてもSadler（2014）では否定的である．その理由は，ルーブリックのようにスタンダードを成文化したものは，「一般に，特定の典型事例について正確に記述することはできない．また，他の例をその分類に含めるに相応しいかどうかの『決め手』として，その特定の典型事例が機能することはない」(p.282) というものである．この背景には，パフォーマンスのバリエーション，すなわち多様性への考慮がある．本書のフィールドに即していえば，「レベル3」の得点を教員が与えるさまざまなレポートがあるなかで，どのような文章によってその「レベル3」を達成できるかは多様である．そのような多様性のなかから典型事例を1つ選んでルーブリックと組み合わせたところで，「レベル3」について正確に表現できているわけではない．本書における「全水準の評価練習」では，ルーブリックの各水準に対応する典型事例を1つずつ用いて，学生が評価し，教員が解説することを通して，評価基準の理解を意図した．第3章では，評価基準の理解を促す効果を確認することができたが，その検証に用いたのも，ある特定のレポートに対する評価の適切さであったため，パフォーマンスの多様性も含めた理解ができているかは検証ができていない．このように，ルーブリックの1つの水準に対して1つの典型事例を用いる「全水準の評価練習」の限界点として，パフォーマンスの多様性を学生が十分に理解できるわけではないという点を，Sadler（2014）の批判を踏まえることで確認できる．

　それでは，ルーブリックを用いずにパフォーマンスの全体的な質を理解することを学生に促すには，どのような教育方法がありうるだろうか．近年の

Sadler（2010, 2013）が提案するのは次のような方法 [1] である．まず，学生が実際に作成した作品群は「十分なバリエーション」(Sadler 2010, p.547) を備えているためこれらを教材として用いる．これらの作品群について学生が評価し，なぜそのような評価をつけたのかの論拠を教員の導きのもと対話することで，多様な質を全体的に評価する鑑識眼を養うことが期待できるという．その際，ルーブリックを使用するのではなく，「左端を『質が低い』，右端を『卓越している』とした，スケールポイントのない固定長の線分」(Sadler 2013, p.60) の上に，その作品が該当すると判断するところに印をつけ，なぜその箇所に印をつけたのかという論拠を説明しあうことで，学生が評価結果を表明する．本書で提案した「全水準の評価練習」との外形的な違いは，ルーブリックを使用しない点と，多様な作品を用いる点である．その意図は，上述したルーブリックの問題点を避けることに加え，1.5.1. でも述べたように，Sadler（2010）が，質の連続体において任意に決定された区切りとしてのスタンダードを学生が理解することよりも，質のそれ自体の本質を理解することを優先しているという点にあるといえる．これに対して本書の「全水準の評価練習」は，同じく 1.5.1. で述べたように，初学者にとってはその分野の専門家である大学教員が，教育的意図を持って設定した区切りのある枠組みを用いて評価するほうが容易に馴染みやすく，パフォーマンスをスモールステップで改善するうえでもメリットがあるという立場に依拠しているという違いがある．以上のような教育方法の違いとそれが依拠する考え方の違いが，実際の授業において学生の自己評価の適切さや，パフォーマンスの自律的な改善に与える効果にどのような違いをもたらすのかを実証的に検討することが今後の課題となる．

---

(1) Sadler（2010, 2013）は，この方法を基本的には「ピア評価 (peer assessment, peer appraisal)」と称している．他方で，これを「評価練習 (evaluative exercise)」と換言している箇所が存在する (Sadler 2013, p.60) ことは興味深い．本書第 2 章の整理に基づけば，Sadler（2010, 2013）の方法は，教員が意図を持って選定したパフォーマンスの事例を学生が評価したうえで，評価結果とその根拠を学生同士で議論したり，教員から解説したりするものであるため，概ね評価練習に分類できる．

8.3.3. 教員からのフィードバックに関する検討

課題の3点目は，教員からの個別のフィードバックを組み合わせる効果を検討できなかった点である．

本書では，フィードバックのみに頼る指導の限界を踏まえて，学生主体の評価活動に焦点を合わせて，教授法を開発してきた．一方で，学生が適切に自己評価できるように支援する手段として，教員から個別の学生へのフィードバックを用いている先行研究も存在する (e.g. Ajjawi & Boud 2017, 斎藤ら 2017b)．本書で開発した教授法に関しても，「全水準の評価練習」や「協議ワークを取り入れたピアレビュー」に加えて，個別のフィードバックを実施することは可能である．ただし，その効果については，学生の学習を促進するうえで有効に機能する可能性と，むしろ学習の一部を阻害する可能性の両方が考えられる．

有効に機能する可能性としては，まず評価基準の理解に関しては，学生が自分のパフォーマンスに対するフィードバックを受けることで，教員の持つ評価基準の理解をより深めることができるかもしれない．また，他者の視点の獲得に関しては，教員という他者の視点を踏まえて，自分のパフォーマンスの優れた点，改善すべき点を把握することもできるかもしれない．

一方で，学習の一部を阻害する可能性としては，教員からのフィードバックに依存するようになり，学生の自律性が損なわれるケースである．例えば，学生が，教員からフィードバックが受けられることをわかっていれば，自己評価活動において自分のパフォーマンスの優れた点，改善点を見極めようとする真剣さが低下してしまうなどの可能性がありうる．もしもこのような事態となれば，学生が自律的なパフォーマンス改善ができる状態を実現することは，難しいであろう．

このように，フィードバックには学習を促進する可能性と阻害する可能性の両方が想定されるため，実証的な研究が必要といえる．例えば，本教授法にフィードバックを組み合わせた場合の効果や，組み合わせるとしたらどのような方法が適切といえるかなどを研究課題として設定する余地がある．これらについては，本書で扱うことができなかったことが課題である．

8.3.4. 自己評価が適切にならなかった学生の存在

課題の4点目は，本教授法を通しても，自己評価が適切にならなかった学生が少なからず存在する点である．

6.4. で第6章の課題として述べたように，2019年度前期では「協議ワークを取り入れたピアレビュー」の最後のステップであるポスト自己評価において教員評価と一致していたのは，348件のデータのうち177件（約50.9％）であった．逆にいえば，残りの約半数は，「全水準の評価練習」と「協議ワークを取り入れたピアレビュー」を実施したあとでも，教員評価とは一致しなかったということになる．

ほぼ同様の傾向が，他の年度でも確認できる．第7章の分析対象とした2019年度後期では，150件中73件（約48.7％），第4章の分析対象とした2021年度前期（全水準条件で評価練習を実施した木曜クラス）では，27名中16名（59.3％）が教員評価とポスト自己評価が一致していた[2]．

このように，いずれのデータにおいても，約半数が，「全水準の評価練習」と「協議ワークを取り入れたピアレビュー」を通しても自己評価が不適切な状態であったことは，本教授法の限界といえる．

より多くの学生が適切に自己評価できるよう支援する方策としては，「全水準の評価練習」において各水準に2つ以上の多様な典型事例を用いたり，「協議ワークを取り入れたピアレビュー」をペアではなく3人以上のグループで実施したりするなど，量的な拡大がありうる．だが，授業時間の制約もあり，量的な拡大だけに頼るのは必ずしも現実的ではない．本節で述べてきたように，ルーブリックの使用の有無や，教員からのフィードバックを効果的に組み合わせることなど，検討すべき方向性はさまざまにありうる．それらの理論的・実証的検討を通して，より多くの学生が適切に自己評価できるよう支援できる教授法をさらに発展させていくことが，今後の課題といえる．

---

(2) 第4章の目的は「全水準の評価練習」の効果を検証することであったため，「協議ワークを取り入れたピアレビュー」におけるポスト自己評価は第4章では記述していない．なお，27名の「自己評価の不適切さ」の平均値は，プレ自己評価で0.81から，ポスト自己評価で0.51とポジティブ方向に変化している（データ欠損のある3名を除く）．

8.3.5. 今後の展望

　最後に，第1章で述べたコンピテンシーと関連づけて今後の展望を述べたい．本書では，ある特定の課題におけるパフォーマンスの改善という点から，教授法の効果検証を行うところまでを検討の対象とした．コンピテンシーは能力の一種であるから，その育成について実証的に扱うには，少なくとも複数の異なる課題におけるパフォーマンスを測定する必要があるだろう．したがって，特定の1つの課題におけるパフォーマンスの改善を扱った本書の結果からは，コンピテンシー育成を検証できたとはいえない．

　他方で，当該分野の専門家である大学教員の考える評価基準を理解することや，他者の視点を踏まえて自分のパフォーマンスを見直すことは，学生が授業外の場面で当該コンピテンシーを要する課題に直面した際に，「どのようなパフォーマンスをすれば優れた解決につながるだろうか」と考えながら行為することに貢献しうるように思われる．このように評価基準の理解や他者視点の獲得に支えられた自己評価が，別の場面でも力を発揮して学習者の行為と省察に貢献するのであれば，それは自己評価力と呼べるかもしれない．

　このようなコンピテンシー育成における自己評価の役割について実証的な研究を進めるには，長期的な調査が不可欠である．例えば，本書で提案した教授法やその他の教授法を実施した授業を受けた学生が，別の授業科目や日常生活・職業生活において直面する課題に対してどのようなパフォーマンスをしているのか．その際に，評価基準の理解や他者視点の獲得が，どのように貢献しているのか詳細な検討を行うことで，教授法と自己評価とコンピテンシーの関連に迫ることができるかもしれない．さらに，このような実証的研究を支えるような理論的な検討も必要であろう．以上のように，学生の自己評価に着目してコンピテンシーを効果的に育成する教授法に関する理論的・実証的研究が今後，重要となってくるといえる．

おわりに

　本書で提案した教授法は,「全水準の評価練習」と「協議ワークを取り入れたピアレビュー」で構成されている. それぞれの役割として, 評価基準の理解を促すこと, 自分のパフォーマンスを捉える際に役立つ他者の視点の獲得を促すこと, 位置づけ, それらの効果検証を行ってきた. それゆえ, 本書はいわゆる仮説検証型研究の形となり, 量的なデータに基づいて効果を捉えることを重視してきた.

　そこで「おわりに」では,「全水準の評価練習」と「協議ワークを取り入れたピアレビュー」の特徴をよく示していると思われる, 学生の記述や授業担当教員の声, TAとして筆者が感じたことを紹介したい.

　まず,「全水準の評価練習」を実施した授業回の振り返りシートでは, 次のような学生の記述がみられた.

- 「どのような文章にどのような評価がつくのかということを, 具体的に学ぶことが出来ました」
- 「コミュニケーションと構造のつながりの論理的な書き方を知ることが出来たので, 自分のレポート執筆につなげようと思います」
- 「レポート内容を評価する練習をすると, レポートを自分で書く際の大きな指針になるので, 大変有意義な授業だと思う. ほかの講義でも取り入れてほしい」

こういった記述には, どのようなレポートを書けばよいのかを, 実際のレポートの事例を通して具体的に学ぶという「全水準の評価練習」の特徴がよく表れている. また,「ほかの講義でも取り入れてほしい」というメッセージは, この学習活動が学生のニーズに沿っているものであることを感じさせるものであった.

　他方の「協議ワークを取り入れたピアレビュー」では,

- 「自分のレポートや他の人のレポートについて意見を言い合うことで,

新たな視点が発見できて面白かったです」
- 「よりよいレポートを書くためには，他人に見てもらうのが最適だとわかった．先入観がなく，客観的に見てもらえる」
- 「自分の書いたものを他人からの評価を受けるのは怖かったですが，どう見えるのかを知ることができてよかったです」
- 「楽しかったです！　他の人から見ると，ああ，こう見えるんだ！　と思った．今日のワークを通じて改善点がわかってきたので，期日までに構想を練り直したい」

といった記述が見られた．他者を見る・他者に見られるプロセスを通して，改めて自分のレポートを見る視点が生まれるという「協議ワークを取り入れたピアレビュー」の特徴が表れているといえる．加えて，「協議ワークを取り入れたピアレビュー」の振り返りシートには，「面白かった」「怖かった」「楽しかった」といった情動的な言葉が並んでいたのも特徴的である．

「協議ワークを取り入れたピアレビュー」で，自分たちの書いてきたレポートについて意見を活発に交わす学生の姿を見た授業担当教員は，「学生が授業中にこんなに盛り上がっている様子を初めて見た」「自分が一生懸命書いてきたレポートを読んでもらえることが嬉しいのかもしれない」と，授業中に筆者に語ってくださった．

実際，TAの立場として筆者が授業にかかわるなかで感じた印象としても，「全水準の評価練習」のほうはクールで知的な雰囲気の漂う授業回になる一方，「協議ワークを取り入れたピアレビュー」では，ホットで情動的な場になることが多かったように思う．

このように，「全水準の評価練習」と「協議ワークを取り入れたピアレビュー」は，授業の雰囲気や学生の感じ方としても好対照であり，そういった意味でバランスのよい組み合わせなのではないだろうか．

最後に，筆者自身の体験も踏まえて本書の根底にある思いを述べて，締めくくりたい．

筆者自身が学部生であった頃を思い出すと，ゼミを除く授業におけるレ

ポートを，誰かに読んでもらったという実感はほとんどない．本来文章というのは，誰か読み手が存在するはずなのに，それを感じることができなかったのは，〈宛名のない手紙〉を書いているようなものであって，時として空虚な作業であった．一方で，期末試験で長い論述が求められる科目などでは，授業で学んだことを思い出して組み合わせながら答案用紙に書いているうちに，「この科目の大事なポイントはここなのかも？」と気づくこともあった．このように知識やスキルを結集するという行為は，何らかの学びが生まれうるものである．ただし，筆者の体験したこのケースでは，期末試験は返却されず，約半年の学びを一文字に集約した「B」等の成績を除いては，自分の書いた答案がどの程度正しかったのか知る術がなかった．どうせこのような論述を書かせるのならば，期末試験ではなく授業時間に学習として埋め込まれていて，さまざまな答案から学んだり，自分の答案を修正したりする機会があったら，この科目で先生が伝えたかったであろうことが明確にわかったのに……．筆者自身の経験からくるそんな思いが，本書の根底にはある．

　レポートに限らず，パフォーマンス課題は，教員にとっても学生にとっても労力のかかるものである．ならば，それ自体がもっと豊かな時間になれば，教員にとっても学生にとっても得るものが多いのではないだろうか．本書で提案した教授法が，その一助になれば幸いである．

〈付記〉
本書に含まれる研究の一部は，JSPS 科研費 JP21J15102 の助成を受けた．
本書の出版にあたっては，2024 年度関西学院大学研究叢書の助成を受けた．

文 献 一 覧

このリストは本書で言及・引用した文献の一覧である．
洋書，和書を合わせて，著者または編者の姓をアルファベット順で記す．
同一著者または編者名の場合は年月順とする．

安彦忠彦 (1987)『自己評価：「自己教育論」を超えて』図書文化．
Ajjawi, R., & Boud, D. (2017) Researching feedback dialogue: an interactional analysis approach. *Assessment & Evaluation in Higher Education*, 42(2), 252-265.
Alverno College Faculty (1994) *Student assessment-as-learning at Alverno College*. Milwaukee, Alverno College Institute.
Ashenafi, M. M. (2017) Peer-assessment in higher education--twenty-first century practices, challenges and the way forward. *Assessment & Evaluation in Higher Education*, 42(2), 226-251.
Beck, U. (1986) *Risikogesellschaft: Auf dem Weg in eine andere Moderne*. Frankfurt am Main, Suhrkamp Verlag.（ウルリヒ・ベック著，東廉・伊藤美登里訳 (1998)『危険社会：新しい近代への道』法政大学出版局）．
Bell, D. (1973) *The coming of post-industrial society: a venture in social forecasting*. New York, Basic Books.（ダニエル・ベル著，内田忠夫・嘉治元郎・城塚登・馬場修一・村上泰亮・谷嶋喬四郎訳 (1975)『脱工業社会の到来：社会予測の一つの試み』(上・下)，ダイヤモンド社）．
Black, P., Harrison, C., Lee, C., Marshall, B., & Wiliam, D. (2003) *Assessment for Learning: Putting It into Practice*. Maidenhead, Open University Press.
Bloom, B. S., Hastings, J. T., & Madaus, G. F. (1971) *Handbook on Formative and Summative Evaluation of Student Learning*. New York, McGraw-Hill.（B. S. ブルーム・J. T. ヘスティングス・G. F. マドゥス著，梶田叡一・渋谷憲一・藤田恵璽訳 (1973)『教育評価法ハンドブック：教科学習の形成的評価と総括的評価』第一法規）．
Boud, D. (1991) *Implementing student self-assessment*. Campbelltown, Higher Education Research and Development Society of Australasia.
Boud, D. (1995) *Enhancing learning through self assessment*. London, Kogan Page.
Boud, D. (2000) Sustainable assessment: rethinking assessment for the learning society. *Studies in Continuing Education*, 22(2), 151-167.

Boud, D., & Falchikov, N. (1989) Quantitative studies of student self-assessment in higher education: A critical analysis of findings. *Higher Education*, 18(5), 529-549.

Boud, D., & Falchikov, N. (2007) Developing assessment for informing judgement. In Boud, D., & Falchikov, N. (Eds.) *Rethinking assessment in higher education: learning for the longer term.* London, Routledge, pp.181-197.

Boud, D., Lawson, R., & Thompson, D. G. (2013) Does student engagement in self-assessment calibrate their judgement over time? *Assessment & Evaluation in Higher Education*, 38(8), 941-956.

Boud, D., Lawson, R., & Thompson, D. G. (2015) The calibration of student judgement through self-assessment: disruptive effects of assessment patterns. *Higher Education Research & Development*, 34(1), 45-59.

Boud, D., & Molloy, E. (2013) Rethinking models of feedback for learning: the challenge of design. *Assessment & Evaluation in Higher Education*, 38(6), 698-712.

Carless, D., Salter, D., Yang, M., & Lam, J. (2011) Developing sustainable feedback practices. *Studies in Higher Education*, 36(4), 395-407.

Cho, K., Cho, M., & Hacker, D. J. (2010) Self-Monitoring support for learning to write. *Interactive Learning Environments*, 18 (2), 101-113.

中央教育審議会 (2005)「我が国の高等教育の将来像 (答申)」
https://www.mext.go.jp/b_menu/shingi/chukyo/chukyo0/toushin/05013101.htm
(2023年5月30日最終確認).

中央教育審議会 (2008)「学士課程教育の構築に向けて (答申)」
https://www.mext.go.jp/component/b_menu/shingi/toushin/__icsFiles/afieldfile/2008/12/26/1217067_001.pdf (2023年5月30日最終確認).

中央教育審議会 (2012)「新たな未来を築くための大学教育の質的転換に向けて：生涯学び続け、主体的に考える力を育成する大学へ (答申)」
https://www.mext.go.jp/component/b_menu/shingi/toushin/__icsFiles/afieldfile/2012/10/04/1325048_1.pdf (2023年5月30日最終確認).

中央教育審議会 (2018)「2040年に向けた高等教育のグランドデザイン (答申)」
https://www.mext.go.jp/content/20200312-mxt_koutou01-100006282_1.pdf
(2023年5月30日最終確認).

中央教育審議会大学分科会 (2020)「教学マネジメント指針」
https://www.mext.go.jp/content/20200206-mxt_daigakuc03-000004749_001r.pdf
(2023年5月30日最終確認).

Cohen, J. (1988) *Statistical power analysis for the behavioral sciences (2nd ed.).* Hillsdale, Lawrence Erlbaum Associates.

Drucker, P. F. (1969) *The age of discontinuity: guidelines to our changing society.* New York, Harper & Row. (P. F. ドラッカー著, 上田惇生訳 (2007)『断絶の時代』ダイヤモンド社).

Dunning, D., Heath, C., & Suls, J. M. (2004) Flawed self-assessment: Implications for health, education, and the workplace. *Psychological Science in the Public Interest*, 5(3), 69-106.

遠海友紀・岸磨貴子・久保田賢一 (2012)「初年次教育における自律的な学習を促すルーブリックの活用」『日本教育工学会論文誌』36 (Suppl.), 209-212.

Fadel, C., Bialik, M., & Trilling, B. (2015) *Four-dimensional education: The competencies learners need to succeed*. Boston, The Center for Curriculum Redesign. (C. ファデル・M. ビアリック・B. トリリング著, 岸学監訳, 関口貴裕・細川太輔編訳, 東京学芸大学次世代教育研究推進機構訳 (2016)『21世紀の学習者と教育の4つの次元：知識, スキル, 人間性, そしてメタ学習』北大路書房).

Falchikov, N., & Boud, D. (1989) Student self-assessment in higher education: A meta-analysis. *Review of Educational Research*, 59(4), 395-430.

藤井美津子 (2018)「教育実習における自己評価と園評価から見る教育実習指導の検討：客観的自己評価力の向上を目指して, 教職実践演習につなげる」『滋賀文教短期大学紀要』20, 1-13.

Giddens, A. (1990) *The consequences of modernity*. Cambridge, Polity Press. (アンソニー・ギデンズ著, 松尾精文・小幡正敏訳 (1993)『近代とはいかなる時代か？：モダニティの帰結』而立書房).

南風原朝和 (2002)『心理統計学の基礎：統合的理解のために』有斐閣.

Hart, D. (1994) *Authentic assessment: a handbook for educators*. Menlo Park, Addison-Wesley. (ダイアン・ハート著, 田中耕治監訳 (2012)『パフォーマンス評価入門：「真正の評価」論からの提案』ミネルヴァ書房).

Hedges, L. V. (1981) Distribution Theory for Glass's Estimator of Effect Size and Related Estimators. *Journal of Educational Statistics*, 6, 107-128.

Hendry, G. D., & Anderson, J. (2013) Helping students understand the standards of work expected in an essay: Using exemplars in mathematics pre-service education classes. *Assessment & Evaluation in Higher Education*, 38(6), 754-768.

Hendry, G. D., Armstrong, S., & Bromberger, N. (2012) Implementing standards-based assessment effectively: Incorporating discussion of exemplars into classroom teaching. *Assessment & Evaluation in Higher Education*, 37(2), 149-161.

Hendry, G. D., Bromberger, N., & Armstrong, S. (2011) Constructive guidance and feedback for learning: The usefulness of exemplars, marking sheets and different types of feedback in a first year law subject. *Assessment & Evaluation in Higher Education*, 36(1), 1-11.

平井明代・岡秀亮・草薙邦広編著 (2022)『教育・心理系研究のためのRによるデータ分析：論文作成への理論と実践集』東京図書.

星裕・越川茂樹 (2019)「ルーブリックに基づく学生の自己評価と教員による評価の比較検討」『北海道教育大学紀要 (教育科学編)』70(1), 359-370.

星裕・越川茂樹 (2020)「大学教育においてルーブリックを自己評価に活用した影響と課題」

『教師学研究』23(1), 21-31.

Hounsell, D. (2007) Towards more sustainable feedback to students. In Boud, D., & Falchikov, N. (eds.) *Rethinking assessment in higher education*, London, Routledge, pp.101-113.

稲垣忠(2012)「教授法の開発に関する研究方法」(日本教育工学会監修, 清水康敬・中山実・向後千春編著『教育工学研究の方法』ミネルヴァ書房, pp.135-155).

石田智敬(2021a)「ロイス・サドラーによる形成的アセスメント論の検討：学習者の鑑識眼を錬磨する」『教育方法学研究』46, 1-12.

石田智敬(2021b)「評価規準と評価基準」(西岡加名恵・石井英真編著『教育評価重要用語事典』明治図書, p.44).

石田智敬(2021c)「スタンダード準拠評価論の成立と新たな展開：ロイス・サドラーの所論に焦点を合わせて」『カリキュラム研究』30, 15-28.

石井英真(2015)「教育評価の立場」(西岡加名恵・石井英真・田中耕治編『新しい教育評価入門：人を育てる評価のために』有斐閣, pp.23-49).

石井英真(2020)『授業づくりの深め方：「よい授業」をデザインするための5つのツボ』ミネルヴァ書房.

岩田貴帆・柴田悠(2020)「オンデマンド型授業において自己評価力を高めるための協議ワークを取り入れたピアレビューの効果とプロセス」『京都大学高等教育研究』26, 13-24.

小林雅之(1998)「大学の類型化と構造変動の分析」『国立学校財務センター研究報告』2, 15-42.

Kruger, J., & Dunning, D. (1999) Unskilled and unaware of it: how difficulties in recognizing one's own incompetence lead to inflated self-assessments. *Journal of Personality and Social Psychology*, 77(6), 1121-1134.

丸茂美智子・河部房子(2009)「実習体験に対して看護学生が行った看護場面の自己評価に関する研究：自己教育の観点からの検討」『千葉看護学会会誌』15, 18-26.

松下佳代(2007)『パフォーマンス評価』日本標準.

松下佳代(2012)「パフォーマンス評価による学習の質の評価：学習評価の構図の分析にもとづいて」『京都大学高等教育研究』18, 75-114.

松下佳代(2016)「資質・能力の新たな枠組み：「3・3・1モデル」の提案」『京都大学高等教育研究』22, 139-149.

松下佳代(2021)「教育におけるコンピテンシーとは何か：その本質的特徴と三重モデル」『京都大学高等教育研究』27, 84-108.

松下佳代・畑野快・斎藤有吾・浅井健介・河合道雄・周静・田中正之・丁愛美・Nikan Sadehvandi・蒲雲菲・星野俊樹・松井桃子・長沼祥太郎(2015)「ルーブリックの意義と課題：ルーブリックの批判的検討をふまえて」『第21回大学教育研究フォーラム発表論文集』196-197.

McConlogue, T. (2012) But is it fair? Developing students' understanding of grading complex written work through peer assessment. *Assessment & Evaluation in*

Higher Education, 37(1), 113-123.

McMahon, T.（2010）Peer feedback in an undergraduate programme: Using action research to overcome students' reluctance to criticise. *Educational Action Research*, 18(2), 273-287.

溝上慎一（2018）『学習とパーソナリティ：「あの子はおとなしいけど成績はいいんですよね！」をどう見るか』東信堂.

文部科学省高等教育局大学振興課大学改革推進室（2021）「令和元年度の大学における教育内容等の改革状況について（概要）」
https://www.mext.go.jp/content/20211104-mxt_daigakuc03-000018152_1.pdf
（2023年5月30日最終確認）.

中島英博編著（2018）『学習評価』玉川大学出版部.

中村征樹・島一則（2018）「知識基盤社会」（児玉善仁・赤羽良一・岡山茂・川島啓二・木戸裕・斉藤泰雄・舘昭・立川明編『大学事典』平凡社, pp.637-638）.

奈須正裕（2015）「コンピテンシー・ベイスの教育と教科の本質」（奈須正裕・江間史明編著『教科の本質から迫るコンピテンシー・ベイスの授業づくり』図書文化, pp.8-34）.

奈須正裕（2017）『「資質・能力」と学びのメカニズム』東洋館出版社.

Nicol, D.（2009）Assessment for learner self-regulation: enhancing achievement in the first year using learning technologies. *Assessment & Evaluation in Higher Education*, 34(3), 335-352.

Nicol, D. J., & Macfarlane-Dick, D.（2006）Formative assessment and self-regulated learning: A model and seven principles of good feedback practice. *Studies in Higher Education*, 31(2), 199-218.

Nicol, D., Thomson, A., & Breslin, C.（2014）Rethinking feedback practices in higher education: a peer review perspective. *Assessment & Evaluation in Higher Education*, 39(1), 102-122.

丹原惇・斎藤有吾・松下佳代・小野和宏・秋葉陽介・西山秀昌（2020）「論証モデルを用いたアカデミック・ライティングの授業デザインの有効性」『大学教育学会誌』42(1), 125-134.

西井泰彦（2017）「私立大学の経営と教員人件費」『IDE 現代の高等教育』594, 26-31.

西岡加名恵（2003）『教科と総合に活かすポートフォリオ評価法：新たな評価基準の創出に向けて』図書文化.

西岡加名恵（2016）『教科と総合学習のカリキュラム設計：パフォーマンス評価をどう活かすか』図書文化.

西岡加名恵（2021）「公正性と実行可能性」（田中耕治編『よくわかる教育評価（第3版）』ミネルヴァ書房, pp.92-93）.

入戸野宏（2004）「心理生理学データの分散分析」『生理心理学と精神生理学』22(3), 275-290.

O'Donovan, B., Price, M., & Rust, C.（2001）The student experience of criterion-referenced assessment (through the introduction of a common criteria assessment grid). *Innovations in Education and Teaching International*, 38(1), 74-85.

大久保街亜・岡田謙介 (2012)『伝えるための心理統計：効果量・信頼区間・検定力』勁草書房.

小野和宏・斎藤有吾・松下佳代 (2018)「PBL を評価する改良版トリプルジャンプにおける「学習としての評価」の要因」『京都大学高等教育研究』24, 35-44.

Orsmond, P., Merry, S., & Reiling, K. (2002) The use of exemplars and formative feedback when using student derived marking criteria in peer and self-assessment. *Assessment & Evaluation in Higher Education*, 27(4), 309-323.

Panadero, E., Broadbent, J., Boud, D., & Lodge, J. M. (2019) Using formative assessment to influence self-and co-regulated learning: the role of evaluative judgement. *European Journal of Psychology of Education*, 34(3), 535-557.

Panadero, E., Brown, G. T. L., & Strijbos, J.W. (2016) The future of student self-assessment: A review of known unknowns and potential directions. *Educational Psychology Review*, 28(4), 803-830.

Reinholz, D. L. (2015) Peer-Assisted Reflection: A design-based intervention for improving success in calculus. *International Journal of Research in Undergraduate Mathematics Education*, 1(2), 234-267.

Reinholz, D. (2016) The assessment cycle: a model for learning through peer assessment. *Assessment & Evaluation in Higher Education*, 41(2), 301-315.

Rust, C., Price, M., & O'Donovan, B. (2003) Improving students' learning by developing their understanding of assessment criteria and processes. *Assessment & Evaluation in Higher Education*, 28(2), 147-164.

Rychen, D. S., & Salganik, L. H. (Eds.) (2003) *Key competencies for a successful life and a well-functioning society.* Boston, Hogrefe & Huber.（ライチェン，D. S.・サルガニク，L. H. 編著，立田慶裕監訳，今西幸蔵・岩崎久美子・猿田祐嗣・名取一好・野村和・平沢安政訳 (2006)『キー・コンピテンシー：国際標準の学力をめざして』明石書店）.

Sadler, D. R. (1987) Specifying and promulgating achievement standards. *Oxford Review of Education*, 13(2), 191-209.

Sadler, D. R. (1989) Formative assessment and the design of instructional systems. *Instructional Science*, 18(2), 119-144.

Sadler, D. R. (2009) Indeterminacy in the use of preset criteria for assessment and grading. *Assessment & Evaluation in Higher Education*, 34(2), 159-179.

Sadler, D. R. (2010) Beyond feedback: Developing student capability in complex appraisal. *Assessment & Evaluation in Higher Education*, 35(5), 535-550.

Sadler, D. R. (2013) Opening up feedback. In *Reconceptualising Feedback in Higher Education: Developing Dialogue with Students*. London, Routledge, pp.54-63.

Sadler, D. R. (2014) The futility of attempting to codify academic achievement standards.

Higher Education, 67(3), 273-288.

斎藤有吾・松下佳代(2021)「PEPA によって学生の成長を縦断的に評価する」『大学教育学会誌』43(1), 74-78.

斎藤有吾・小野和宏・松下佳代(2017a)「パフォーマンス評価における教員の評価と学生の自己評価・学生調査との関連」『日本教育工学会論文誌』40(Suppl.), 157-160.

斎藤有吾・小野和宏・松下佳代(2017b)「ルーブリックを活用した学生と教員の評価のズレに関する学生の振り返りの分析:PBL のパフォーマンス評価における学生の自己評価の変容に焦点を当てて」『大学教育学会誌』39(2), 48-57.

坂本麻裕子・中島宏治・宇都伸之・渡寛法・嶼田大海・佐渡島紗織(2018)「ライティング授業で課題文章に付与されたコメントに対する学生の反応」『リメディアル教育研究』12, 39-48.

Shaffer, J. P. (1986) Modified sequentially rejective multiple test procedures. *Journal of the American Statistical Association*, 81(395), 826-831.

柴田悠(2017)『子育て支援と経済成長』朝日新聞出版.

下川原久子(2017)「看護学実習における形成的評価の一考察:統合看護実習の学生による中間評価から」『八戸学院短期大学研究紀要』44, 21-28.

白井俊(2020)『OECD Education 2030 プロジェクトが描く教育の未来:エージェンシー,資質・能力とカリキュラム』ミネルヴァ書房.

Sridharan, B., & Boud, D. (2019) The effects of peer judgements on teamwork and self-assessment ability in collaborative group work. *Assessment and Evaluation in Higher Education*, 44(6), 894-909.

Stevens, D. D., & Levi, A. J. (2013) *Introduction to rubrics: an assessment tool to save grading time, convey effective feedback, and promote student learning* (second edition). Sterling, Stylus Publishing. (ダネル=スティーブンス・アントニア=レビ著,佐藤浩章監訳,井上敏憲・俣野秀典訳(2014)『大学教員のためのルーブリック評価入門』玉川大学出版部).

田口真奈(2020)「授業のハイブリッド化とは何か:概念整理とポストコロナにおける課題の検討」『京都大学高等教育研究』26, 65-74.

Tai, J., Ajjawi, R., Boud, D., Dawson, P., & Panadero, E. (2018) Developing evaluative judgement: enabling students to make decisions about the quality of work. *Higher Education*, 76(3), 467-481.

高橋暁子・金西計英・松浦健二・吉田博・和田卓人(2016)「自己評価と相互評価の差異を可視化するための携帯端末用ルーブリック評価ツールの開発と試用」『教育システム情報学会誌』33(2), 120-125.

田中耕治(2008)『教育評価』岩波書店.

Taylor, S.S. (2011) "I really don't know what he meant by that": How well do engineering students understand teachers' comments on their writing? *Technical Communication Quarterly*, 20(2), 139-166.

寺嶋浩介・林朋美(2006)「ルーブリックの構築により自己評価を促す問題解決学習の開発」

『京都大学高等教育研究』12, 63-71.
To, J., & Carless, D. (2016) Making productive use of exemplars: Peer discussion and teacher guidance for positive transfer of strategies. *Journal of Further and Higher Education*, 40(6), 746-764.

若林身歌 (2021)「評価規準と評価基準」(田中耕治編『よくわかる教育評価 (第3版)』ミネルヴァ書房, pp.26-27).

Wiggins, G. (1989) A true test: toward more authentic and equitable assessment. *Phi Delta Kappan*, 70(9), 703-713.

Wiggins, G. (1998) *Educative assessment: designing assessments to inform and improve student performance*. San Francisco, Jossey-Bass.

Willey, K., & Gardner, A. (2009) Improving Self- and Peer Assessment Processes with Technology. *Campus-Wide Information Systems*, 26(5), 379-399.

Yucel, R., Bird, F. L., Young, J., & Blanksby, T. (2014) The road to self-assessment: exemplar marking before peer review develops first-year students' capacity to judge the quality of a scientific report. *Assessment & Evaluation in Higher Education*, 39(8), 971-986.

初 出 一 覧

　本書は，以下の通りに公刊されているものと，未発表の書き下ろしで構成されている．公刊されたものはいずれも大幅に加筆と修正を行っている．

第1章　はじめに・第1章　書き下ろし．

第2章　岩田貴帆 (2023)「学生の自律的なパフォーマンス改善を促す学生主体の評価活動：初学者対象の大学授業にどのように取り入れるか」『京都大学大学院教育学研究科紀要』69, 235-248.

第3章　書き下ろし．一部に下記を含む．
　　　　岩田貴帆・田口真奈 (2021)「ルーブリックを用いたレポート評価練習における典型例の選び方の提案と実践：各観点・全水準の記述語の理解を促すことをめざして」『日本教育工学会2021年春季全国大会 (第38回大会) 講演論文集』, 99-100.

第4章　岩田貴帆・田口真奈 (2023)「パフォーマンスの典型事例とルーブリックを教材とする評価練習の学習効果」『日本教育工学会論文誌』47 (1), 91-103.

第5章　岩田貴帆・田口真奈 (2020)「パフォーマンス課題における自己評価力を高めるための協議ワークを取り入れた相互評価活動の開発」『日本教育工学会論文誌』43 (Suppl.), 173-176.

第6章　岩田貴帆 (2020a)「協議ワークを取り入れたピアレビューによる学生の自己評価力向上の効果検証」『大学教育学会誌』42 (1), 115-124.

第7章　書き下ろし．一部に下記を含む．
　　　　岩田貴帆 (2020b)「協議ワーク後の自己評価の適切さがパフォーマンスの改善に与える影響」『大学教育学会第42回大会発表要旨集録』, 170-171.

第8章・おわりに　書き下ろし．

付　録

付録3-1　教室対面での「全水準の評価練習」で用いたワークシート（2019年度後期）

評価練習ワークシート

自分の担当のレポート：　A　B　C　D　（ひとつに○）

<u>ステップ1</u>　（個人作業）　自分の担当のレポートの評価をして、下の表にレベルと根拠を書きこんでください。

	社会現象の説明	幸せのための行動の説明
自分の担当サンプルのレベル		
根拠		

<u>ステップ2</u>　（グループ作業）自分の担当のレポートのレベルと根拠を、他のメンバーに共有してください（他の人はそのレポートを読んでいないので、「●行目に○○と書いてあって・・・」など、できるだけ具体的に話してください）。共有してもらう人は、下の欄を使ってメモを書き込んでください。

<u>ステップ3</u>　（グループ作業）レベルと根拠を修正する必要がある箇所を修正するために、話し合ってください。最終的に全てのサンプルの評価を下の欄に書き込むことが目標。

	社会現象の説明	幸せのための行動の説明
サンプルAのレベル		
サンプルBのレベル		
サンプルCのレベル		
サンプルDのレベル		

<u>ステップ4</u>　（個人作業）　配布される評価コメントと先生の解説を聞いて、理解を確かめる。

	社会現象の説明	幸せのための行動の説明
サンプルAのレベル		
サンプルBのレベル		
サンプルCのレベル		
サンプルDのレベル		

座席番号：　　　　　　学生番号：　　　　　　名前：

付録3-2 教室対面での「全水準の評価練習」で授業進行に用いたスライド（2019年度後期）

社会学Ⅱ

本日の座席
座席番号の紙が置いてある席に前から詰めて座ってください。

評価基準表
前々回配布した「期末レポートの評価基準表」を今日持ってきていない人は、前に取りに来てください。ワークで使います。

期末レポートについて

レポートは2つの観点（社会現象の説明、幸せのための行動の説明）で採点されます。

今日やること

「どんなレポートを書けば社会学的思考法を使えているか」を理解するために
「去年の受講生が作成したレポート」を使って、評価基準表を見ながら評価練習をします。

1. 自分の座席番号のアルファベットが自分の担当するサンプルレポートです。
2. 自分の担当するサンプルを読んで、ワークシートに各観点のレベルと根拠を書いてみる。（15分）
3. じゃんけんで勝った人が司会。司会から時計まわりに名前を言って挨拶。

今日やること

4. 司会さんから順番に、レベルと根拠を話す（根拠は「●行目に○○と書いてあって・・・」など具体的に話してください）。他の3人はメモをとる。全員から共有できたら、レベルと根拠を修正する必要がある箇所を修正するために、話し合う。最終的に全てのサンプルの評価を自分のワークシートに書き込むことを目標にする。（20分）
5. 柴田先生から4つのサンプルの評価を解説
6. ワークシートを一旦回収（今日中に返却します）

サンプルレポートとレベルの対応

	社会現象の説明	幸せのための行動の説明
サンプルA	どれかがレベル4	どれかがレベル4
サンプルB	どれかがレベル3	どれかがレベル3
サンプルC	どれかがレベル2	どれかがレベル2
サンプルD	どれかがレベル1	どれかがレベル1

今日～期末レポート提出までの流れ

	授業	授業外
10月31日の授業	レポート課題提示	
11月14日の授業	サンプルレポート4つを使って評価基準を具体的に理解	レポートを作成（レポートに使う参考文献を探す、読むし、レポートを書く）
11月28日の授業	サンプルレポートを使って評価基準の理解を確認	
12月12日の授業	下書きレポート（両面印刷）を持ってくる。ペアで見せ合い、学びを深め、改善点を見つける。	
来年1月16日 17:00まで		改善してから、期末レポート＋自己評価ワークシート提出

付録 4-1　同期オンラインでの「全水準の評価練習」で用いた典型事例A～D（2021年度前期）
典型事例A（ルーブリックのレベル4に典型的なパフォーマンスの事例）

サンプルレポートD

　2020年5月現在、新型コロナウイルス感染症拡大防止のために、テレワークが強く推奨されている。しかし、朝日新聞2020年4月24日3面の記事によると、在宅勤務中でも出社が必要となる理由を尋ねたアンケートで、「契約書の押印作業」（22.2%）や「社内の紙による書類の申請・押印やサイン」（17.1%）といった回答からわかるように、「必ずしも必要でない押印が慣習となっており、リモートワークを阻害している」という。これを受けて政府でも、民間取引の脱ハンコに向けた議論が本格化しているとある。
　感染を防止する目的でテレワークを導入しているにも関わらず、判子のために出勤するというのは矛盾しているように思われる。そこで本レポートでは、<u>身体の危険を冒してまで判子を押すために出社するという社会現象</u>について、構造とコミュニケーションの観点から検討していく。
　朝日新聞の同日18面に「なぜハンコに執着？デジタル署名あるのに　コロナ禍でも強いられる例も」という記事があった。この記事によると、情報セキュリティー論や情報社会学を専門とする教授らに取材し、3Dプリンタで判子を複製できるため判子の真正性に疑問が生じていることや、法的には電子署名に代替できることなどを紹介している。その上で、なぜそれでも判子文化が根強いのかについて、「上原さんや庄司さんといった情報技術の専門家でも、官公庁の人事発令、賞状や学校の卒業証書などは『ハンコがないと格好がつかない』『雰囲気が出ない』と認める」「伝統と格式を重んじる場面ではハンコは残る」としている。
　このような雰囲気はいつから生まれたのだろうか。高沢（1993）は、西暦57年の「漢委奴国王」の金印から戦後までの「はんこの社会史」を振り返った上で、「はんこ」が日本社会に深く広く普及した理由として注目すべき特徴を指摘している。それは、「『はんこ』は捺印者の『慎重な判断・意思の確認』を『可視化』『客観化』しているものと見なされてきた」」ので、近代産業社会の前提となっている信用を生み出したという特徴である。具体的には、「安易にはんこを押すと、思わぬ負担・責任が生じることがあるので、押印の際には、判断・決定に応分の熟慮と慎重さが生じる蓋然性が高まる」という場面に現れるという。
　この高沢の論を参考に冒頭の社会現象を検討していく。例えば、A社の社員が、別のB社の社員に送る契約書を作成する場面で、社員Aが契約書に判子を押してから郵送するときに、「この判子を押すと〇●万円の金額の契約を結ぶことになり、取り消しのできないことだ。しかし、会社にとって利益が大きいから契約すべきだ」という判断を下してから、慎重に判子を押すであろう。そして、B社の社員はその契約書を受け取って、「はんこが押してあるということは、基本的に取り消しのきかない重要な意思決定をA社はしてくれた」と理解し、契約内容の履行の準備を進めるであろう。すなわち、はんこの押してある契約<u>書の取り交わしというコミュニケーション</u>（コミュ1）が、「押印は熟慮と慎重さを伴った意思決定である」という共通認識（構造1）を生み出しているのである。そのような共通認識（構造1）が、<u>リスクを侵してまで出社して押印してから郵送するというコミュニケーション</u>（コミュ2）を規定しているのだと説明できる。

サンプルレポート D

　このような押印した文書を取り交わす（コミュ1）際の熟慮と慎重さを生み出す資源は何だろうか。高沢は歴史的経緯から説明を試みているが、本レポートでは、はんこのもつ面倒くささが、資源として機能していることを指摘したい。そもそも判子を押すというのは面倒な行為である。判子だけではなく、朱肉や、下敷きにするマット等が必要だ。朱肉をふき取るための紙も用意しなければならない。身体を動かして判子を取りに行ったりしている間に、考えが整理されることもあるだろうし、テレワーク中に出勤していれば当然目立つため、他の社員に事情を訊ねられて説明をするうちに、「本当にこの契約を結んでいいのか」と思いとどまる契機となる可能性がある。そのような物理的な面倒くささ（構造2）が、「本当にこの契約を結んでいいのか」と慎重に考えた上で押印し、契約する（コミュ1）ことを可能にしていると説明できる。実際、朱肉が不要な簡易なインク浸透印（いわゆるシャチハタ）は正式な文書では認められないケースも多く、例えば山岡嗣弁護士によると「離婚届等を市役所に提出する書類も、インク浸透印では、受理されません」ということだ（弁護士ドットコムニュース）。
　こういった考察を踏まえれば、日本経団連会長をはじめ多くの人がいま主張している（日本経済新聞、2020年4月27日）、判子を完全廃止してデジタル署名を推進する案については、物理的面倒くささのポジティブな面を見逃している可能性がある。デジタル署名は、パソコン上で簡潔してしまうものであり、大変便利であるがゆえに、熟慮するタイミングを欠いているものである。もちろん、出勤簿や、数万円程度の契約であれば、デジタル署名が適しており、とりわけテレワーク対応のためにデジタル署名の環境整備で必須といえるだろう。一方、たとえば大金や戸籍に関わるような極めて重要な意思決定においては、物理的面倒くささを欠いた書類を受け取った側も、熟慮を備えた意思決定であると判断しない可能性がある。例えば、より慎重さが求められる場面では、デジタル署名に加えて、物理的な生体認証を組み合わせることで、少しは慎重さや熟慮のきっかけになるかもしれない。

■参考文献
- 「『ハンコが必要』、やむなく出社？　行政手続き見直しへ／印鑑廃止宣言の会社も」『朝日新聞』2020年4月24日。
- 「なぜハンコに執着？　デジタル署名あるのに　コロナ禍でも強いられる例も」『朝日新聞』、2020年4月28日。
- 「経団連会長、ハンコ文化『ナンセンス』」日本経済新聞（オンライン）。（URL：https://www.nikkei.com/article/DGXMZO58536970X20C20A4EE8000/）、2020年5月31日閲覧。
- 高沢淳夫（1993）「はんこの社会史に向けて:日本的「信用」の現象形態」『ソシオロジ』38巻2号、pp.53-66。
- 「契約書で通用するハンコは？　実印、認め印、インク浸透印の違い」弁護士ドットコムニュース（URL：https://www.bengo4.com/c_1018/n_5553/）2020年5月31日閲覧。

典型事例B（ルーブリックのレベル3に典型的なパフォーマンスの事例）

サンプルレポートA

　2020年5月現在、新型コロナウイルス感染症拡大防止のために、テレワークが強く推奨されている。しかし、朝日新聞2020年4月24日3面の記事によると、在宅勤務中でも出社が必要となる理由を尋ねたアンケートで、「契約書の押印作業」(22.2%)や「社内の紙による書類の申請・押印やサイン」(17.1%)といった回答からわかるように、「必ずしも必要でない押印が慣習となっており、リモートワークを阻害している」という。これを受けて政府でも、民間取引の脱ハンコに向けた議論が本格化しているとある。
　感染を防止する目的でテレワークを導入しているにも関わらず、判子のために出勤するというのは矛盾しているように思われる。そこで本レポートでは、身体の危険を冒してまで判子を押すために出社するという社会現象について、構造とコミュニケーションの観点から検討していく。
　朝日新聞の同日18面に、「なぜハンコに執着？デジタル署名あるのに　コロナ禍でも強いられる例も」という記事があった。この記事によると、情報セキュリティー論や情報社会学を専門とする教授らに取材し、3Dプリンタで判子を複製できるため判子の真正性に疑問が生じていることや、法的には電子署名に代替できることなどを紹介している。その上で、なぜそれでも判子文化が根強いのかについて、「上原さんや庄司さんといった情報技術の専門家でも、官公庁の人事発令、賞状や学校の卒業証書などは『ハンコがないと格好がつかない』『雰囲気が出ない』と認める」「伝統と格式を重んじる場面ではハンコは残る」としている。
　このような雰囲気は、いつから生まれたのだろうか。ネット記事によると、日本で広く判子が普及したのは江戸時代中期であり、商人が取引する際に判子を用いるために普及していったという。さらに、明治時代以降、郵便や銀行で判子を押すことが制度に取り入れたられたり、国民の実印の印鑑登録を行政が担ったりするようになったという（学生の窓口編集部、2015）。
　つまり、これまで私たちの親・祖父母世代をふくめて日本社会の一人ひとりが、「重要な文書には判子を押す」というコミュニケーション(コミュ1)を行い、それを見た人が、「この文書は重要な文書だ」とか「この文書は本物である」と考えながらその文書を受け取る、というコミュニケーション(コミュ2)をしてきた。そのようなコミュニケーションが、「重要な文書には判子が欠かせない」という暗黙了解(構造1)を生んだのであろう。このようなコミュニケーションと構造が何度も強化し合った結果、「判子が押してあると本物らしさがある」という雰囲気（構造2）すら生まれてきたと考えられる。その構造が今度は、「会社の契約書を作成するために、コロナ対策テレワーク中であっても、出社して判子を押してから、契約書を発送する」というコミュニケーション(コミュ3)を強いているのではないだろうか。
　以上より、コロナ対策でテレワーク中にも関わらず判子を押すために出社してしまう人が多いのは、「判子が押してあると本物らしさが出る」という雰囲気に縛られているからだと考える。wikipediaによると「デジタル署名は文書の発信元を認証する事に使う事ができ

る。デジタル署名に用いる秘密鍵の所有権が特定の利用者へ結び付けられる時は、有効な署名は文書がその利用者から送信されたという事を示す」とある。このようなデジタル署名は、先の新聞記事にもあったように法的に十分使用できる。今後の社会としては、デジタル署名などの方法を我々が体験することによって、「デジタル署名でも本物らしさが出る」という感覚を人々が共有すれば、判子の雰囲気に縛られない社会を作っていくことができるであろう。

■参考文献
- 「『ハンコが必要』、やむなく出社？ 行政手続き見直しへ／印鑑廃止宣言の会社も」『朝日新聞』2020年4月24日。
- 「なぜハンコに執着？ デジタル署名あるのに コロナ禍でも強いられる例も」『朝日新聞』、2020年4月28日。
- 学生の窓口編集部（2015）「豆知識！ 日本のはんこ文化はいつからあるの？」マイナビ学生の窓口。https://gakumado.mynavi.jp/gmd/articles/14619（2020年5月1日閲覧）．
- 「デジタル署名」『wikipedia』（URL：
https://ja.wikipedia.org/wiki/%E3%83%87%E3%82%B8%E3%82%BF%E3%83%AB%E7%BD%B2%E5%90%8D）、2020年5月24日閲覧。

典型事例 C（ルーブリックのレベル 2 に典型的なパフォーマンスの事例）

サンプルレポート C

　2020 年 5 月現在、新型コロナウイルス感染症拡大防止のために、テレワークが強く推奨されている。しかし、朝日新聞 2020 年 4 月 24 日 3 面の記事によると、在宅勤務中でも出社が必要となる理由を尋ねたアンケートで、「契約書の押印作業」(22.2%) や「社内の紙による書類の申請・押印やサイン」(17.1%) といった回答からわかるように、「必ずしも必要でない押印が慣習となっており、リモートワークを阻害している」という。これを受けて政府でも、民間取引の脱ハンコに向けた議論が本格化しているとある。
　感染を防止する目的でテレワークを導入しているにも関わらず、判子のために出勤するというのは矛盾しているように思われる。そこで本レポートでは、身体の危険を冒してまで判子を押すために出社するという社会現象について、構造とコミュニケーションの観点から検討していく。
　朝日新聞の同日 18 面に、「なぜハンコに執着？デジタル署名あるのに　コロナ禍でも強いられる例も」という記事があった。この記事によると、情報セキュリティー論や情報社会学を専門とする教授らに取材し、3D プリンタで判子を複製できるため判子の真正性に疑問が生じていることや、法的には電子署名に代替できることなどを紹介している。その上で、なぜそれでも判子文化が根強いのかについて、「上原さんや庄司さんといった情報技術の専門家でも、官公庁の人事発令、賞状や学校の卒業証書などは『ハンコがないと格好がつかない』『雰囲気が出ない』と認める」「伝統と格式を重んじる場面ではハンコは残る」としている。
　このように、「重要な文書っぽさ」という雰囲気（構造 1）が、コロナ対応でテレワーク中であっても、判子を押してから相手に郵送する（コミ 1）を生んでしまっているのだと考えられる。このような雰囲気（構造 1）が生じるのは、判子のあの赤い独特の色（コミ 2）は、動物の血液の色にも似ており、重要性を感じさせるからではないだろうか。
　以上より、コロナ対策でテレワーク中にも関わらず判子を押すために出社してしまう人が多いのは、「判子が押してあると本物らしさが出る」という雰囲気に縛られているからだと考える。wikipedia によると「デジタル署名は文書の発信元を認証する事に使う事ができる。デジタル署名に用いる秘密鍵の所有権が特定の利用者へ結び付けられる時は、有効な署名は文書がその利用者から送信されたという事を示す」とある。このようなデジタル署名は、先の新聞記事にもあったように法的に十分使用できる。今後の社会としては、デジタル署名などの方法を我々が体験することによって、「デジタル署名でも本物らしさが出る」という感覚を人々が共有すれば、判子の雰囲気に縛られない社会を作っていくことができるであろう。

■参考文献
- 「『ハンコが必要』、やむなく出社？　行政手続き見直しへ／印鑑廃止宣言の会社も」『朝日新聞』2020 年 4 月 24 日。
- 「なぜハンコに執着？　デジタル署名あるのに　コロナ禍でも強いられる例も」『朝日

新聞』、2020 年 4 月 28 日。
- 「デジタル署名」『wikipedia』（URL：https://ja.wikipedia.org/wiki/%E3%83%87%E3%82%B8%E3%82%BF%E3%83%AB%E7%BD%B2%E5%90%8D）、2020 年 5 月 24 日閲覧。

付録　165

典型事例 D（ルーブリックのレベル 1 に典型的なパフォーマンスの事例）

サンプルレポート B

　2020 年 5 月現在、新型コロナウイルス感染症拡大防止のために、テレワークが強く推奨されている。しかし、朝日新聞 2020 年 4 月 24 日の記事によると、在宅勤務中でも出社が必要となる理由を尋ねたアンケートで、「契約書の押印作業」（22.2%）や「社内の紙による書類の申請・押印やサイン」（17.1%）といった回答からわかるように、「必ずしも必要でない押印が慣習となっており、リモートワークを阻害している」という。これを受けて政府でも、民間取引の脱ハンコに向けた議論が本格化しているとある。
　感染を防止する目的でテレワークを導入しているにも関わらず、判子のために出勤するというのは矛盾しているように思われる。そこで本レポートでは、<u>身体の危険を冒してまで判子を押すために出社する</u>という社会現象について、構造とコミュニケーションの観点から検討していく。
　朝日新聞の同日の記事に、「なぜハンコに執着？デジタル署名あるのに　コロナ禍でも強いられる例も」という記事があった。この記事によると、情報セキュリティー論や情報社会学を専門とする教授らに取材し、3D プリンタで判子を複製できるため判子の真正性に疑問が生じていることや、法的には電子署名に代替できることなどを紹介している。
　このような便利かつ法的にも問題のない技術があるにも関わらず、<u>デジタル署名という技術を知らない人たちが多数派を占めているという構造（構造 1）</u>が、<u>わざわざ判子を押すために出社するというコミュニケーション（コミュ 1）</u>を生み出してしまっているのだ。wikipedia によると「デジタル署名は文書の発信元を認証する事に使う事ができる。デジタル署名に用いる秘密鍵の所有権が特定の利用者へ結び付けられる時は、有効な署名は文書がその利用者から送信されたという事を示す」とある。このような技術を使うことで、文書を受け取った人が、<u>「この文書の発信者は確かに●●さんだ」とわかる（コミュ 2）</u>ので、朝日新聞記事にあったように<u>法的に電子署名に代替が可能な構造（構造 2)</u>を生み出しているのだ。
　以上より、コロナ対策でテレワーク中にも関わらず判子を押すために出社してしまう人が多いのは、デジタル署名という技術を知らないからだといえる。今後の社会としては、デジタル署名を普及することで、身体の安全をまもりつつ、契約などをしっかりと交わすことのできる社会を作っていくことができるであろう。

■参考文献
- 「『ハンコが必要』、やむなく出社？　行政手続き見直しへ／印鑑廃止宣言の会社も」『朝日新聞』
- 「なぜハンコに執着？　デジタル署名あるのに　コロナ禍でも強いられる例も」『朝日新聞』
- 「デジタル署名」『wikipedia』（URL：https://ja.wikipedia.org/wiki/%E3%83%87%E3%82%B8%E3%82%BF%E3%83%AB%E7%BD%B2%E5%90%8D）、2020 年 5 月 24 日閲覧。

付録4-2　同期オンラインでの「全水準の評価練習」で用いたワークシートとしての Googleフォーム（2021年度前期）

評価練習ワークシート　ステップ① 個人ワーク

今日は、期末レポートのサンプルを用いて、「評価練習」というワークを行います。

【目的】よい期末レポートを書けるようになることを目指して、「どういうレポートが、社会学的思考法を活用したレポートなのか」を理解すること。

サンプルレポートが評価基準表のどのレベルにあたるのか？を考えることで、抽象的な評価基準表を、具体的に理解します。

サンプルレポートA〜Dで、評価基準表のレベル1〜4が網羅されています。レベルの重複はありません。

ステップ① メインルームで個人ワーク。自分の担当のレポートを評価して、「得点」「その根拠」をこのワークシート（Googleフォーム）に入力して、「次へ」をクリックする。（6分）

根拠はできるだけ具体的に書いてください。「第●段落で・・・と書いてあるところが、評価基準表の●●にあたる」「コミュ●に下線が引かれているが、これはコミュの定義にあてはまらない。なぜなら・・・」など。

ステップ② ブレイクアウトルーム分かれてディスカッション。司会：出身都道府県が最も西の人。（20分）

まずは、自分がつけた得点とその根拠を順番に報告してください。
得点が重複しているところは、どちらか、あるいは両方が間違っているということなので、それを解消するべく、グループで検討して得点を調整してください。
重複がない場合でも、「その根拠は正しいか？」など、より正確な評価となるよう、話し合ってみてください。

認知的に負荷の高い作業です。口頭だけのやりとりだと混乱したり、議論についていけない人がいたりする可能性がありますので、ステップ①でGoogleフォーム入力済みの内容をチャットにコピペするなどして、思考プロセスを可視化することをお勧めします。

残り1分になったら、Googleフォームに全レポートの得点を入力し、「送信」を押してください。

ステップ③ メインルームで、柴田先生から評価の解説。質問も受け付けます。

*必須

付録　167

名前 *

回答を入力

学生番号（ハイフンなし、半角英数字）*

回答を入力

自分の担当するサンプルレポート *

○ A
○ B
○ C
○ D

得点は？ *

○ レベル4。レベル3の水準を満たした上で、当該の社会現象について、一般的な説明よりも深い説明を提示できている（要約した新聞記事か関連する文献との「説明の比較」が書かれていることを条件とする）。

○ レベル3。社会現象における人々のコミュニケーション（コミュ1）を規定する構造（構造1）を客観的に説明しており、さらに、その構造がどのようなコミュニケーション（コミュ2）から形成されるか（コミュ2→構造1→コミュ1）を客観的に説明できている（客観性のために事例・データや他の文献を効果的に用いていることを条件とする）。

○ レベル2。社会現象における人々のコミュニケーション（コミュ1）を規定する構造（構造1）を客観的に説明できている。しかし、その構造がどのようなコミュニケーション（コミュ2）から形成されるか（コミュ2→構造1→コミュ1）の説明は不適切である。説明を試みていたとしても、事例・データや他の文献を効果的に用いることができておらず、客観性が低い説明となっている。

○ レベル1。社会現象における人々のコミュニケーションを規定する構造（構造1→コミュ1）を客観的に説明できていない。説明を試みていたとしても、事例・データや他の文献を効果的に用いることができておらず、客観性が低い説明となっている。

○ レベル0。そもそも社会現象を説明しようとしたレポートになっていない。

その根拠は？ *

回答を入力

次へ

評価練習ワークシート　ステップ① 個人ワーク

*必須

ステップ② グループワーク

話し合った結果、それぞれのサンプルレポートの得点はどうなりましたか？

サンプルAの得点は？ *

○ レベル4。レベル3の水準を満たした上で、当該の社会現象について、一般的な説明よりも深い説明を提示できている（要約した新聞記事か関連する文献との「説明の比較」が書かれていることを条件とする）。

○ レベル3。社会現象における人々のコミュニケーション（コミュ1）を規定する構造（構造1）を客観的に説明しており、さらに、その構造がどのようなコミュニケーション（コミュ2）から形成されるか（コミュ2→構造1→コミュ1）を客観的に説明できている（客観性のために事例・データや他の文献を効果的に用いていることを条件とする）。

○ レベル2。社会現象における人々のコミュニケーション（コミュ1）を規定する構造（構造1）を客観的に説明できている。しかし、その構造がどのようなコミュニケーション（コミュ2）から形成されるか（コミュ2→構造1→コミュ1）の説明は不適切である。説明を試みていたとしても、事例・データや他の文献を効果的に用いることができておらず、客観性が低い説明となっている。

○ レベル1。社会現象における人々のコミュニケーションを規定する構造（構造1→コミュ1）を客観的に説明できていない。説明を試みていたとしても、事例・データや他の文献を効果的に用いることができておらず、客観性が低い説明となっている。

○ レベル0。そもそも社会現象を説明しようとしたレポートになっていない。

サンプルBの得点は？ *

○ レベル4。レベル3の水準を満たした上で、当該の社会現象について、一般的な説明よりも深い説明を提示できている（要約した新聞記事か関連する文献との「説明の比較」が書かれていることを条件とする）。

○ レベル3。社会現象における人々のコミュニケーション（コミュ1）を規定する構造（構造1）を客観的に説明しており、さらに、その構造がどのようなコミュニケーション（コミュ2）から形成されるか（コミュ2→構造1→コミュ1）を客観的に説明できている（客観性のために事例・データや他の文献を効果的に用いていることを条件とする）。

○ レベル2。社会現象における人々のコミュニケーション（コミュ1）を規定する構造（構造1）を客観的に説明できている。しかし、その構造がどのようなコミュニケーション（コミュ2）から形成されるか（コミュ2→構造1→コミュ1）の説明は不適切である。説明を試みていたとしても、事例・データや他の文献を効果的に用いることができておらず、客観性が低い説明となっている。

○ レベル1。社会現象における人々のコミュニケーションを規定する構造（構造1→コミュ1）を客観的に説明できていない。説明を試みていたとしても、事例・データや他の文献を効果的に用いることができておらず、客観性が低い説明となっている。

○ レベル0。そもそも社会現象を説明しようとしたレポートになっていない。

サンプルCの得点は？ *

○ レベル4。レベル3の水準を満たした上で、当該の社会現象について、一般的な説明よりも深い説明を提示できている（要約した新聞記事か関連する文献との「説明の比較」が書かれていることを条件とする）。

○ レベル3。社会現象における人々のコミュニケーション（コミュ1）を規定する構造（構造1）を客観的に説明しており、さらに、その構造がどのようなコミュニケーション（コミュ2）から形成されるか（コミュ2→構造1→コミュ1）を客観的に説明できている（客観性のために事例・データや他の文献を効果的に用いていることを条件とする）。

○ レベル2。社会現象における人々のコミュニケーション（コミュ1）を規定する構造（構造1）を客観的に説明できている。しかし、その構造がどのようなコミュニケーション（コミュ2）から形成されるか（コミュ2→構造1→コミュ1）の説明は不適切である。説明を試みていたとしても、事例・データや他の文献を効果的に用いることができておらず、客観性が低い説明となっている。

○ レベル1。社会現象における人々のコミュニケーションを規定する構造（構造1→コミュ1）を客観的に説明できていない。説明を試みていたとしても、事例・データや他の文献を効果的に用いることができておらず、客観性が低い説明となっている。

○ レベル0。そもそも社会現象を説明しようとしたレポートになっていない。

サンプルDの得点は？ *

○ レベル4。レベル3の水準を満たした上で、当該の社会現象について、一般的な説明よりも深い説明を提示できている（要約した新聞記事か関連する文献との「説明の比較」が書かれていることを条件とする）。

○ レベル3。社会現象における人々のコミュニケーション（コミュ1）を規定する構造（構造1）を客観的に説明しており、さらに、その構造がどのようなコミュニケーション（コミュ2）から形成されるか（コミュ2→構造1→コミュ1）を客観的に説明できている（客観性のために事例・データや他の文献を効果的に用いていることを条件とする）。

○ レベル2。社会現象における人々のコミュニケーション（コミュ1）を規定する構造（構造1）を客観的に説明できている。しかし、その構造がどのようなコミュニケーション（コミュ2）から形成されるか（コミュ2→構造1→コミュ1）の説明は不適切である。説明を試みていたとしても、事例・データや他の文献を効果的に用いることができておらず、客観性が低い説明となっている。

○ レベル1。社会現象における人々のコミュニケーションを規定する構造（構造1→コミュ1）を客観的に説明できていない。説明を試みていたとしても、事例・データや他の文献を効果的に用いることができておらず、客観性が低い説明となっている。

○ レベル0。そもそも社会現象を説明しようとしたレポートになっていない。

[戻る] [送信]

付録5-1　教室対面での「協議ワークを取り入れたピアレビュー」で用いた
　　　　　ワークシート（2018年度後期）

③自己評価ワークシート

記入方法
1. 自分で書いたレポートを読み直して、「社会現象の分析・説明」「幸せのための行動」の2つの観点について、それぞれどのレベルで書けていると思うか、該当するレベルを【A欄】に記入してください。
2. そのレベルを選んだ根拠を、【B欄】に記入してください。
3. 「ひとつ上のレベルになるには」レポートがどうなればいいか、もし思いつけば具体的に【C欄】に記入してください。
4. 隣の人とレポートを交換して、「④ピア評価用ワークシート」に評価結果を記入します。
5. ピアからの評価のレベルを【D欄】に転記してください。
6. レベルや根拠にズレがあった場合には、なぜズレていたのかを話し合って、その結果を【E欄】に記入してください。

課題：あなたが今後の人生で遭遇するであろう社会現象を挙げ、それを構成する構造とコミュニケーションの影響関係を説明したうえで、自分（あるいは自分にとって大切な人々）が「幸せに生きる」ためには自分がその社会現象に関して（あるいはその社会現象を変えるために）どのようなコミュニケーションをとることがよいと考えられるか、客観的に論じなさい。

観点	社会現象の分析・説明	幸せのための行動
レベル4	レベル3の水準に加えて、報道や日常会話などにおける一般的な説明よりも深い説明によって、読んだ人に新たな認識枠組みを提供するような説明ができている。	レベル3の水準に加え、そのコミュニケーションがもたらしうる負の側面についても考察できている。
レベル3	社会現象における人々のコミュニケーションを規定する構造を書けていて、その構造がどのようなコミュニケーションから形成されるか、説得力のある説明ができている。	自分のコミュニケーションが、構造にどのような影響を与えて、「幸せ」にどのようにつながるのかについて、実際の事例やデータなどを使って客観的な説明ができている。
レベル2	社会現象における人々のコミュニケーションを規定する構造を書けていて、その構造がどのようなコミュニケーションから形成されるかを説明しているが、説得力が低い説明である。	自分のコミュニケーションが、構造にどのような影響を与えて、「幸せ」にどのようにつながるのかについて検討しているが、主観的な説明にとどまっている。
レベル1	社会現象における人々のコミュニケーションを規定する構造を書けていない、もしくは、構造がどのようなコミュニケーションから形成されるかを説明できていない。	自分のコミュニケーションが、構造にどのような影響を与えて、「幸せ」にどのようにつながるのかについて検討していない。
レベル0	構造が説明されていない。	「幸せ」のために自分がとるべきコミュニケーションを書いていない。
【A欄】自己評価レベル		
【B欄】根拠		
【C欄】一つ上のレベルになるには		
【D欄】ピアからの評価		
【E欄】レベルや根拠がズレていた理由を話し合った結果		

名前：＿＿＿＿＿＿＿＿　　座席番号：＿＿＿＿＿＿＿＿

④ピア評価用ワークシート

記入方法
1. 隣の人とレポートを交換して読み、「社会現象の分析・説明」「幸せのための行動」の2つの観点について、それぞれどのレベルで書いていると思うか、該当するレベルを【A欄】に記入してください。
2. そのレベルを選んだ根拠を、【B欄】に記入してください。
3. 1つ上のレベルになるにはレポートがどうなればいいかを【C欄】に記入してください。

課題: あなたが今後の人生で遭遇するであろう社会現象を挙げ、それを構成する構造とコミュニケーションの影響関係を説明したうえで、自分(あるいは自分にとって大切な人々)が「幸せに生きる」ためには自分がその社会現象に関して(あるいはその社会現象を変えるために)どのようなコミュニケーションをとることがよいと考えられるか、客観的に論じなさい。

観点	社会現象の分析・説明	幸せのための行動
レベル4	レベル3の水準に加えて、報道や日常会話などにおける一般的な説明よりも深い説明によって、読んだ人に新たな認識枠組みを提供するような説明ができている。	レベル3の水準に加え、そのコミュニケーションがもたらしうる負の側面についても考察できている。
レベル3	社会現象における人々のコミュニケーションを規定する構造を書けていて、その構造がどのようなコミュニケーションから形成されるか、説得力のある説明ができている。	自分のコミュニケーションが、構造にどのような影響を与えて、「幸せ」にどのようにつながるのかについて、実際の事例やデータなどを使って客観的な説明ができている。
レベル2	社会現象における人々のコミュニケーションを規定する構造を書けていて、その構造がどのようなコミュニケーションから形成されるかを説明しているが、説得力が低い説明である。	自分のコミュニケーションが、構造にどのような影響を与えて、「幸せ」にどのようにつながるのかについて検討しているが、主観的な説明にとどまっている。
レベル1	社会現象における人々のコミュニケーションを規定する構造を書けていない、もしくは、構造がどのようなコミュニケーションから形成されるかを説明できていない。	自分のコミュニケーションが、構造にどのような影響を与えて、「幸せ」にどのようにつながるのかについて検討していない。
レベル0	構造が説明されていない。	「幸せ」のために自分がとるべきコミュニケーションを書いていない。
【A欄】ピアへの評価レベル		
【B欄】根拠		
【C欄】一つ上のレベルになるには		

評価者(あなた)の名前:＿＿＿＿＿＿＿＿＿　　評価者(あなた)の座席番号:＿＿＿＿＿＿＿＿＿

レポート作成者の名前:＿＿＿＿＿＿＿＿＿

⑤再自己評価・改善点明確化ワークシート

記入方法
1. 今日のワークを振り返りながら、改めて自分の下書きレポートの自己評価をしてください。**ピアから受けた評価は、必ずしも全てを受け容れる必要はありません。**
2. それぞれの観点の該当するレベルを【A欄】に、【B欄】に根拠、【C欄】に1つ以上 上のレベルにするにはレポートがどうなればいいかを記入してください。
3. この授業が終わったあとレポート最終提出日までに、レポートを改善するために、何をするか（例えば、〇〇についての事例を調べる、など）を【D欄】に記入してください。
4. 【E欄】に今日の一連のワークの感想を記入してください。

課題： あなたが今後の人生で遭遇するであろう社会現象を挙げ、それを構成する構造とコミュニケーションの影響関係を説明したうえで、自分（あるいは自分にとって大切な人々）が「幸せに生きる」ためには自分がその社会現象に関して（あるいはその社会現象を変えるために）どのようなコミュニケーションをとることがよいと考えられるか、客観的に論じなさい。

観点	社会現象の分析・説明	幸せのための行動
レベル4	レベル3の水準に加えて、報道や日常会話などにおける一般的な説明よりも深い説明によって、読んだ人に新たな認識枠組みを提供するような説明ができている。	レベル3の水準に加え、そのコミュニケーションがもたらしうる負の側面についても考察できている。
レベル3	社会現象における人々のコミュニケーションを規定する構造を書けていて、その構造がどのようなコミュニケーションから形成されるか、説得力のある説明ができている。	自分のコミュニケーションが、構造にどのような影響を与えて、「幸せ」にどのようにつながるのかについて、実際の事例やデータなどを使って客観的な説明ができている。
レベル2	社会現象における人々のコミュニケーションを規定する構造を書けていて、その構造がどのようなコミュニケーションから形成されるかを説明しているが、説得力が低い説明である。	自分のコミュニケーションが、構造にどのような影響を与えて、「幸せ」にどのようにつながるのかについて検討しているが、主観的な説明にとどまっている。
レベル1	社会現象における人々のコミュニケーションを規定する構造を書けていない、もしくは、構造がどのようなコミュニケーションから形成されるかを説明できていない。	自分のコミュニケーションが、構造にどのような影響を与えて、「幸せ」にどのようにつながるのかについて検討していない。
レベル0	構造が説明されていない。	「幸せ」のために自分がとるべきコミュニケーションを書いていない。
【A欄】自己評価レベル		
【B欄】根拠		
【C欄】1つ以上上のレベルになるには		
【D欄】最終提出日までに改善するために何をするか		
【E欄】今日の一連のワークの感想		

名前：＿＿＿＿＿＿＿＿＿　　座席番号：＿＿＿＿＿＿＿＿＿　　相手はこの授業以外でも知っている人でしたか？　　はい・いいえ

付録 5-2　教室対面での「協議ワークを取り入れたピアレビュー」で
授業進行に用いたスライド（2018 年度後期）

今日の前半の流れ

- 自己評価
- 隣の人とレポートを交換して、ピア評価
- Aさんのレポートについて2人で話し合う
- Bさんのレポートについて2人で話し合う
- 改めて自己評価し、改善点・今後何をするかを明確化

#ワーク終了後「下書きレポート」とワークシートをいったん回収し、授業中に返却します

#下書きレポートや、本日のワークの内容は、成績には一切影響しません。

目的

1. 評価基準を使うことで理解を深めること
   → 「どういうレポートが書けていれば、社会学的思考法を活用できているといえるのか」

2. 自分のレポートを客観的に見ること

3. 提出までの改善点やそのために何をするかを決めること

ポイント

自分のレポートの価値は自分で決める

評価を受け取るとき
「この人にはこんな風に見えるのか」と受け止めて、自己評価のための参考にする。他人からの評価を全て受け容れる必要はありません。

相手のレポートを評価するとき
「自分にはこう見える」ということを相手に情報提供するために、遠慮せず率直に評価してあげてください。

アイスブレイク（1.5分×2）

- 自己紹介（名前のみ）＋この授業を受講した目的
- Aさん（黒板向かって左側の人）1．5分
- Bさん（黒板向かって右側の人）1．5分

今日の前半の流れ

- **自己評価**
- 隣の人とレポートを交換して、ピア評価
- Aさんのレポートについて2人で話し合う
- Bさんのレポートについて2人で話し合う
- 改めて自己評価し、改善点・今後何をするかを明確化

#ワーク終了後「下書きレポート」とワークシートをいったん回収し、授業中に返却します

#下書きレポートや、本日のワークの内容は、成績には一切影響しません。

自己評価（5分）

1. 自分で書いたレポートを読み直して、「社会現象の分析・説明」「幸せのための行動」の２つの観点について、それぞれのレベルで書けていると思うか、**該当するレベル**を【A欄】に記入
2. そのレベルを選んだ**根拠**を【B欄】に記入
3. 「**ひとつ上のレベルになるには**」レポートがどうなればいいか（もし思いつけば）具体的に【C欄】に記入

今日の前半の流れ

- 自己評価
- **隣の人とレポートを交換して、ピア評価**
- Aさんのレポートについて2人で話し合う
- Bさんのレポートについて2人で話し合う
- 改めて自己評価し、改善点・今後何をするかを明確化

#ワーク終了後「下書きレポート」とワークシートをいったん回収し、授業中に返却します

#下書きレポートや、本日のワークの内容は、成績には一切影響しません。

ピア評価（13分）

1. 隣の人とレポートを交換して読み、「社会現象の分析・説明」「幸せのための行動」の２つの観点について、それぞれのレベルで書けていると思うか、**該当するレベルを**【A欄】に記入
2. そのレベルを選んだ**根拠を**、【B欄】に記入
3. 「**ひとつ上のレベルになるには**」レポートがどうなればいいかを【C欄】に記入

今日の前半の流れ (10)

- 自己評価
- 隣の人とレポートを交換して、ピア評価
- **Aさんのレポートについて2人で話し合う**
- Bさんのレポートについて2人で話し合う
- 改めて自己評価し、改善点・今後何をするかを明確化

#ワーク終了後「下書きレポート」とワークシートをいったん回収し、授業中に返却します
#下書きレポートや、本日のワークの内容は、成績には一切影響しません。

Aさんのレポートについて話し合う（6分）(11)

1. Aさんがそれぞれの観点の自己評価とその根拠を話す。
2. Bさんがそれぞれの観点のピア評価とその根拠を話す。レベルをAさんの「③自己評価ワークシート」【D欄】に記入。
3. レベルや根拠にズレがあった場合には、**なぜズレていたのか**を話し合って、その結果を【E欄】に記入。
   - （例）コミュニケーションから構造が形成されることの説明をしているつもりだったが、わかりにくい説明だった
   - （例）構造やコミュニケーションの意味を自分が理解していなかった
   - （例）どの程度書けば「客観的な説明」といえるのかの認識が2人で異なっていた。

今日の前半の流れ (12)

- 自己評価
- 隣の人とレポートを交換して、ピア評価
- Aさんのレポートについて2人で話し合う
- **Bさんのレポートについて2人で話し合う**
- 改めて自己評価し、改善点・今後何をするかを明確化

#ワーク終了後「下書きレポート」とワークシートをいったん回収し、授業中に返却します
#下書きレポートや、本日のワークの内容は、成績には一切影響しません。

Bさんのレポートについて話し合う（6分）(13)

1. Bさんがそれぞれの観点の自己評価とその根拠を話す。
2. Aさんがそれぞれの観点のピア評価とその根拠を話す。レベルをBさんの「③自己評価ワークシート」【D欄】に記入。
3. レベルや根拠にズレがあった場合には、**なぜズレていたのか**を話し合って、その結果を【E欄】に記入。
   - （例）コミュニケーションから構造が形成されることの説明をしているつもりだったが、わかりにくい説明だった
   - （例）構造やコミュニケーションの意味を自分が理解していなかった
   - （例）どの程度書けば「客観的な説明」といえるのかの認識が2人で異なっていた。

今日の前半の流れ (14)

- 自己評価
- 隣の人とレポートを交換して、ピア評価
- Aさんのレポートについて2人で話し合う
- Bさんのレポートについて2人で話し合う
- **改めて自己評価し、改善点・今後何をするかを明確化**

#ワーク終了後「下書きレポート」とワークシートをいったん回収し、授業中に返却します
#下書きレポートや、本日のワークの内容は、成績には一切影響しません。

再自己評価・改善点明確化（5分）(15)

1. 今日のワークを振り返りながら、改めて自分の下書きレポートの自己評価。ピアから受けた評価は、必ずしも全てを受け容れる必要はありません。
2. それぞれの観点の該当するレベルを【A欄】に、【B欄】に根拠、【C欄】に1つ以上上のレベルにするにはレポートがどうなればいいかを記入。
3. この授業が終わったあとレポート最終提出日までに、レポートを改善するために、**何をするか**（例えば、〇〇についての事例を調べる、など）を【D欄】に記入。
4. 【E欄】に今日の一連のワークの感想を記入。

学期末試験について（確認）(16)

- 期末レポート（100点満点）
- A4版で1,000～2,000字程度。
- 1/24（木）の17：00締切厳守。
- 全学共通科目レポートボックスに提出。

- 「全学共通科目レポート表紙」と「自己評価ワークシート」（第11回目の授業とPandAで配布）をつけてホチキスで止める。
- レポート表紙の「テーマ」欄は「学期末レポート」と書く。

付録　175

付録 6-1　教室対面での「協議ワークを取り入れたピアレビュー」で用いた
　　　　　 ワークシート（2019 年度前期）

①自己評価ワークシート

記入方法
1. 自分で書いたレポートを読み直して、「社会現象」「問題」「解決策」「客観性」の4つの観点について、それぞれどのレベルで書けていると思うか、該当するレベルを【A欄】に記入してください。
2. そのレベルを選んだ根拠を、【B欄】に記入してください。
3. 「ひとつ上のレベルになるには」レポートがどうなればいいか、もし思いつけば具体的に【C欄】に記入してください。
4. 隣の人とレポートを交換して、「②ピア評価用ワークシート」に評価結果を記入します。
5. ピアからの評価のレベルを【D欄】に転記してください。
6. レベルや根拠にズレがあった場合には、「なぜズレていたのか」を話し合って、その結果を【E欄】に記入してください。

課題： 参考書『子育て支援と経済成長』（朝日新書）で展開されている論を批判もしくは補足するため、扱われている社会現象のうち1つに着目し、社会学的思考法（コミュニケーションと構造の影響関係に着目する）を用いて、その社会現象に関連する「問題」と「解決策」を客観的に示しなさい。

観点	社会現象	問題	解決策	客観性
レベル4	レベル3の水準に加え、参考書において暗黙の前提となっている箇所に切り込んで批判・補足している。	レベル3の水準に加え、問題を示すことによって、参考書における暗黙の前提を相対化するような批判・補足をしている。	レベル3の水準に加え、解決策は実現可能性が高いことを示せている。	レベル3の水準に加え、自分の主張に対して予想される反論にも応じながら、議論を展開できている。
レベル3	着目した社会現象について参考書における自分の論述に必要な箇所の要旨を説明しており、その理解に誤りが全くない。	問題を示すにあたり、社会学的思考法を用いることによって、着目する社会現象の背後にある構造を、説明できている。	解決策を示すにあたり、社会学的思考法を用いることによって、「問題」に説明した構造に変化をもたらしうる解決策を、示している。	データや事例を適切に示しながら議論を展開することで、説得力を持っている。
レベル2	着目した社会現象について、参考書における要旨を説明しているが、自分の論述に必要な箇所を説明しきれていない。または、その理解に一部誤りがある。	問題を示すにあたり、社会学的思考法を用いてはいるが、説明している構造は問題とする社会現象とは関係の薄いものである。	解決策を示すにあたり、社会学的思考法を用いてはいるが、問題とする社会現象の背後にある構造に変化をもたらしうる解決策を、示せていない。	データや事例を示してはいるものの、適切でない箇所がみられ、説得力を持つに至っていない。
レベル1	着目した社会現象について、参考書における要旨を説明しきれていない。かつ、理解に一部誤りがある。	問題を示すにあたり、社会学的思考法を用いておらず、問題とする社会現象の背後にある構造を、説明できていない。	解決策を示すにあたり、社会学的思考法を用いておらず、問題とする社会現象の背後にある構造に変化をもたらしうる解決策は、示せていない。	データや事例を示しておらず、自分の考えを述べるに留まっている。
レベル0	着目した社会現象について、参考書における自分の論述に関係のある箇所を全く説明していない。または、致命的な理解の誤りがある。	そもそも問題とする社会現象を示していない。	そもそも解決策を示していない。	データや事例を示しておらず、自分の考えも述べていない。
【A欄】自己評価レベル				
【B欄】根拠				
【C欄】一つ上のレベルになるには				
【D欄】ピアからの評価				
【E欄】レベルや根拠がズレていた理由を話し合った結果				

名前：＿＿＿＿＿＿＿＿＿＿　　　座席番号：＿＿＿＿＿＿＿＿＿＿

②ピア評価用ワークシート

記入方法
1. 隣の人とレポートを交換して読み、「社会現象」「問題」「解決策」「客観性」の4つの観点について、それぞれどのレベルで書けていると思うか、該当するレベルを【A欄】に記入してください。
2. そのレベルを選んだ根拠を、【B欄】に記入してください。
3. 1つ上のレベルになるにはレポートがどうなればいいかを【C欄】に記入してください。

課題： 参考書『子育て支援と経済成長』(朝日新書)で展開されている論を批判もしくは補足するため、扱われている社会現象のうち1つに着目し、社会学的思考法(コミュニケーションと構造の影響関係に着目する)を用いて、その社会現象に関連する「問題」と「解決策」を客観的に示しなさい。

観点	社会現象	問題	解決策	客観性
レベル4	レベル3の水準に加え、参考書において暗黙の前提となっている箇所に切り込んで批判・補足している。	レベル3の水準に加え、問題を示すことによって、参考書における暗黙の前提を相対化するような批判・補足をしている。	レベル3の水準に加え、解決策は実現可能性が高いことを示せている。	レベル3の水準に加え、自分の主張に対して予想される反論にも応じながら、議論を展開している。
レベル3	着目した社会現象について参考書における自分の論述に必要な箇所の要旨を説明しており、その理解に誤りが全くない。	問題を示すにあたり、社会学的思考法を用いることによって、問題とする社会現象の背後にある構造を、説明できている。	解決策を示すにあたり、社会学的思考法を用いることによって、「問題」で説明した構造に変化をもたらしうる解決策を、示している。	データや事例を適切に示しながら議論を展開することで、説得力を持っている。
レベル2	着目した社会現象について、参考書における要旨を説明しているが、自分の論述に必要な箇所を説明しきれていない。または、その理解に一部誤りがある。	問題を示すにあたり、社会学的思考法を用いてはいるが、説明している構造は問題とする社会現象と関係の薄いものである。	解決策を示すにあたり、社会学的思考法を用いてはいるが、問題とする社会現象の背後にある構造に変化をもたらしうる解決策は、示せていない。	データや事例を示してはいるものの、適切でない箇所がみられ、説得力を持つに至っていない。
レベル1	着目した社会現象について、参考書における要旨を説明しているが、自分の論述に必要な箇所を説明しきれていない。かつ、理解に一部誤りがある。	問題を示すにあたり、社会学的思考法を用いておらず、問題とする社会現象の背後にある構造を、説明できていない。	解決策を示すにあたり、社会学的思考法を用いておらず、問題とする社会現象の背後にある構造に変化をもたらしうる解決策は、示せていない。	データや事例を示しておらず、自分の考えを述べるに留まっている。
レベル0	着目した社会現象について、参考書における自分の論述に関係のある箇所を全く説明していない。または、致命的な理解の誤りがある。	そもそも問題とする社会現象を示していない。	そもそも解決策を示していない。	データや事例を示しておらず、自分の考えも述べていない。
【A欄】ピアへの評価レベル				
【B欄】根拠				
【C欄】一つ上のレベルになるには				

評価者（あなた）の名前：＿＿＿＿＿＿＿＿＿　　評価者（あなた）の座席番号：＿＿＿＿＿＿＿

レポート作成者の名前：＿＿＿＿＿＿＿＿＿

③再自己評価・改善点明確化ワークシート

記入方法
1. 今日のワークを振り返りながら、改めて自分の下書きレポートの自己評価をしてください。**ピアから受けた評価は、必ずしも全てを受け容れる必要はありません。**
2. 各観点の該当するレベルを【A欄】に、その根拠を【B欄】に、より上のレベルにするにはレポートがどうなればいいかを【C欄】に記入してください。（すでにレベル4なら不要）
3. この授業が終わったあとレポート最終提出日までに、レポートを改善するために、何をするか（例えば、○○についての事例を調べる、など）を【D欄】に記入してください。
4. 【E欄】に今日の一連のワークの感想を記入してください。

課題： 参考書『子育て支援と経済成長』（朝日新書）で展開されている論を批判もしくは補足するため、扱われている社会現象のうち1つに着目し、社会学的思考法（コミュニケーションと構造の影響関係に着目する）を用いて、その社会現象に関連する「問題」と「解決策」を客観的に示しなさい。

観点	社会現象	問題	解決策	客観性
レベル4	レベル3の水準に加え、参考書において暗黙の前提となっている箇所に切り込んで批判・補足している。	レベル3の水準に加え、問題を示すことによって、参考書における暗黙の前提を相対化するような批判・補足をしている。	レベル3の水準に加え、解決策は実現可能性が高いことを示せている。	レベル3の水準に加え、自分の主張に対して予想される反論にも応じながら、議論を展開できている。
レベル3	着目した社会現象について参考書における自分の論述に必要な箇所の要旨を説明しており、その理解に誤りが全くない。	問題を示すにあたり、社会学的思考法を用いることによって、問題とする社会現象の背後にある構造を、説明できている。	解決策を示すにあたり、社会学的思考法を用いることによって、「問題」で説明した構造に変化をもたらしうる解決策を、示している。	データや事例を適切に示しながら議論を展開することで、説得力を持っている。
レベル2	着目した社会現象について、参考書における要旨を説明しているが、自分の論述に必要な箇所を説明しきれていない。または、その理解に一部誤りがある。	問題を示すにあたり、社会学的思考法を用いてはいるが、説明している構造は問題とする社会現象の背後にある構造との関係の薄いものである。	解決策を示すにあたり、社会学的思考法を用いてはいるが、問題とする社会現象の背後にある構造に変化をもたらしうる解決策は、示せていない。	データや事例を示してはいるものの、適切でない箇所がみられ、説得力を持つに至っていない。
レベル1	着目した社会現象について、参考書における要旨を説明しているが、自分の論述に必要な箇所を説明しきれていない。かつ、理解に一部誤りがある。	問題を示すにあたり、社会学的思考法を用いておらず、問題とする社会現象の背後にある構造を、説明できていない。	解決策を示すにあたり、社会学的思考法を用いておらず、問題とする社会現象の背後にある構造に変化をもたらしうる解決策は、示せていない。	データや事例を示しておらず、自分の考えを述べるに留まっている。
レベル0	着目した社会現象について、参考書における自分の論述に関係のある箇所を全く説明していない。または、致命的な理解の誤りがある。	そもそも問題とする社会現象を示していない。	そもそも解決策を示していない。	データや事例を示しておらず、自分の考えも述べていない。
【A欄】自己評価レベル				
【B欄】根拠				
【C欄】1つ以上上のレベルになるには				
【D欄】最終提出日までに改善するために何をするか				
【E欄】今日の一連のワークの感想				

名前：＿＿＿＿＿＿＿＿＿＿　　座席番号：＿＿＿＿＿＿＿＿＿＿　　ピアはこの授業以外でも知っている人でしたか？　はい・いいえ

付録6-2　教室対面での「協議ワークを取り入れたピアレビュー」で授業進行に用いたスライド（2019年度前期）

スライド1：社会学Ⅰ　本日の席について

学生証を入り口付近の機械にかざしてください（12:45〜）

座席番号の書いた紙がある席に前から詰めて座ってください。

※下書きレポートを持参していない人は必ずTAにお声かけください

スライド2：今日の流れ

1. 自己評価
2. 隣の人（ピアと呼びます）とレポートを交換して、ピア評価
3. Aさんのレポートについて2人で話し合う
4. Bさんのレポートについて2人で話し合う
5. 改めて自己評価し、改善点・今後何をするかを明確化

#ワーク終了後「下書きレポート」を回収します
#ワークシートは一旦回収し、授業中に返却します
⇒あとで参照したいメモは、下書きレポートではなくワークシートに書いてください

スライド3：目的

1. 評価基準を使うことで理解を深める
   → 「どういうレポートが書けていれば、社会学的思考法を活用できていることになるのか」
2. ピアからの評価を踏まえて自分のレポートを客観的に見直す
3. 提出までの改善点やそのために何をするかを決めること

スライド4：ポイント

自分のレポートの価値は自分で決める

評価を受け取るとき
「この人にはこんな風に見えるのか」と受け止めて、自己評価のための参考にする。他人からの評価を全て受け容れる必要はありません。

相手のレポートを評価するとき
「自分にはこう見える」ということを相手に情報提供するために、遠慮せず率直に評価してあげてください。

スライド5：自己紹介（1分×2）

- 自己紹介（名前のみ）＋この授業を受講した目的
- Aさん（黒板向かって左側の人）1.5分
- Bさん（黒板向かって右側の人）1.5分

黒板

Aさん　Bさん

スライド6：自己評価

1. **自己評価**
2. 隣の人（ピアと呼びます）とレポートを交換して、ピア評価
3. Aさんのレポートについて2人で話し合う
4. Bさんのレポートについて2人で話し合う
5. 改めて自己評価し、改善点・今後何をするかを明確化

#ワーク終了後「下書きレポート」を回収します
#ワークシートは一旦回収し、授業中に返却します
⇒あとで参照したいメモは、下書きレポートではなくワークシートに書いてください

スライド7：自己評価（7分）

1. 自分で書いたレポートを読み直して、「社会現象」「問題」「解決策」「客観性」の4つの観点について、それぞれのレベルで書けていると思うか、**該当するレベルを【A欄】に記入**
2. そのレベルを選んだ**根拠を【B欄】に記入**
3. 「**ひとつ上のレベルになるには**」レポートがどうなればいいか（もし思いつけば）具体的に**【C欄】に記入**

スライド8：ピア評価

1. 自己評価
2. **隣の人（ピアと呼びます）とレポートを交換して、ピア評価**
3. Aさんのレポートについて2人で話し合う
4. Bさんのレポートについて2人で話し合う
5. 改めて自己評価し、改善点・今後何をするかを明確化

#ワーク終了後「下書きレポート」を回収します
#ワークシートは一旦回収し、授業中に返却します
⇒あとで参照したいメモは、下書きレポートではなくワークシートに書いてください

ピア評価（16分）

1. 隣の人とレポートを交換して読み、「社会現象」「問題」「解決策」「客観性」の4つの観点について、それぞれどのレベルで書けていると思うか、**該当するレベルを**【A欄】に記入
2. そのレベルを選んだ**根拠を**、【B欄】に記入
3. 「ひとつ上のレベルになるには」レポートがどうなればいいかを【C欄】に記入

Aさんのレポートについて

1. 自己評価
2. 隣の人（ピアと呼びます）とレポートを交換して、ピア評価
3. **Aさんのレポートについて2人で話し合う**
4. Bさんのレポートについて2人で話し合う
5. 改めて自己評価し、改善点・今後何をするかを明確化

#ワーク終了後「下書きレポート」を回収します
#ワークシートは一旦回収し、授業中に返却します
⇒あとで参照したいメモは、下書きレポートではなくワークシートに書いてください

Aさんのレポートについて話し合う（10分）

1. Aさんが各観点の自己評価とその根拠を話す。
2. Bさんが各観点のピア評価とその根拠を話す。Aさんはそれを「①自己評価ワークシート」【D欄】に記入。
3. レベルや根拠にズレがあった場合には、**なぜズレていたのか**を話し合って、その結果を【E欄】に記入。
   - （例）相手が「教科書の」暗黙の前提というのを読み飛ばしていた。「教科書の」はかけていないので、やはり3だということになった。
   - （例）成果主義という言葉を定義せず使っていたので意味を誤解されてしまった。
   - （例）どの程度書けば「客観的な説明」といえるのかの認識が2人で異なっていた。

Bさんのレポートについて

1. 自己評価
2. 隣の人（ピアと呼びます）とレポートを交換して、ピア評価
3. Aさんのレポートについて2人で話し合う
4. **Bさんのレポートについて2人で話し合う**
5. 改めて自己評価し、改善点・今後何をするかを明確化

#ワーク終了後「下書きレポート」を回収します
#ワークシートは一旦回収し、授業中に返却します
⇒あとで参照したいメモは、下書きレポートではなくワークシートに書いてください

Bさんのレポートについて話し合う（6分）

1. Bさんがそれぞれの観点の自己評価とその根拠を話す。
2. Aさんがそれぞれの観点のピア評価とその根拠を話す。レベルをBさんの「③自己評価ワークシート」【D欄】に記入。
3. レベルや根拠にズレがあった場合には、**なぜズレていたのか**を話し合って、その結果を【E欄】に記入。
   - （例）コミュニケーションから構造が形成されることの説明をしているつもりだったが、わかりにくい説明であった。
   - （例）構造やコミュニケーションの意味を自分が理解していなかった
   - （例）どの程度書けば「客観的な説明」といえるのかの認識が2人で異なっていた。

再自己評価・改善点の明確化

1. 自己評価
2. 隣の人（ピアと呼びます）とレポートを交換して、ピア評価
3. Aさんのレポートについて2人で話し合う
4. Bさんのレポートについて2人で話し合う
5. **改めて自己評価し、改善点・今後何をするかを明確化**

#ワーク終了後「下書きレポート」を回収します
#ワークシートは一旦回収し、授業中に返却します
⇒あとで参照したいメモは、下書きレポートではなくワークシートに書いてください

再自己評価・改善点明確化（6分）

1. 今日のワークを振り返りながら、改めて自分の下書きレポートの自己評価。ピアから受けた評価は、必ずしも全てを受け容れる必要はありません。
2. それぞれの観点の該当する**レベルを**【A欄】に、【B欄】に根拠、【C欄】に今よりも上のレベルにするにはレポートがどうなればいいかを記入。
3. この授業が終わったあとレポート最終提出日までに、レポートを改善するために、**何をするか**（例えば、○○についての事例を調べる、など）を【D欄】に記入。
4. 【E欄】に今日の一連のワークの感想を記入。

回収

- ①「自己評価ワークシート」をAさんからBさんに渡して、AをBの上に重ねる
- ②後ろから前に渡していく。**受け取ったら自分たちのを上にして前に渡す**（番号が若い順にする）。
- 同様に「ピア評価シート」「再自己評価シート」「下書きレポート」も渡していく

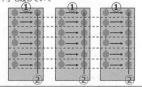

謝　辞

　本書は，京都大学大学院教育学研究科に提出し，2023年9月に博士（教育学）の学位を受けた博士論文「自己評価に基づく自律的なパフォーマンス改善を促す教授法の開発 —— 学生主体の評価活動を取り入れた授業実践を通して」をもとにしたものです．博士論文は研究者としての名刺のようなものだ，と教えられてきました．そういった自らのアイデンティティの重要な一部を，このような書籍の形で世に送り出すに至ったことに，深い感謝の念を覚えます．その気持ちをわずかながら言葉に換えて，本書を締めくくりたいと思います．

　指導教員である田口真奈先生には，実践研究の進め方から論文の書き方に至るまで，あらゆる面で多大なご指導を賜りました．大学院進学の相談のために研究室にて初めてお会いしたときに，「教育工学の強みの1つは，モデルを作ること」と教えていただいた言葉を今も大切にしています．授業や学習という複雑な現象を理解・操作するために有益なモデルを作ること —— 本書で満足に達成できたとは考えていませんが，これからの研究者人生でずっと目指していきたい目標です．研究や論文の指導に加えて，育児や日常生活など私のさまざまな悩みに理解を示してくださり，いつも温かい言葉をくださいました．

　副指導教員である松下佳代先生は，半年に一度の「水ゼミ」で，私が研究進捗を報告すると毎回必ず，教育評価論を踏まえた深いご指摘をくださいました．M1の冬やD3の春など，研究をどう展開させ，どうまとめるかの大きな分岐点で私が迷ったときに，個別に時間をとって道標となるご助言をくださいました．松下先生のご指摘・助言に応えようともがくことで，本書が単なる1つの方法の提案ではなく，教育評価論やそれを踏まえた教育方法に関する研究のなかに位置づけることが，少しはできたと思います．

本書の研究に全面的に協力をしてくださった柴田悠先生にも大変お世話になりました．私の提案する教授法を授業に取り入れたり，成績算出に通常は不要なレポートの草稿の採点も引き受けてくださったりと，多大な労力を割いてくださったおかげで，貴重なデータを収集することができました．何より大きかったことは，柴田先生が，私のことを専門家として扱ってくださったことです．授業で私を紹介するときには，必ず「TAの岩田さんは，アクティブラーニングの専門家です．以前は企業で実務の面からアクティブラーニングに携わっておられ，いまは学術的に研究されています．この授業は，岩田さんの専門的な助言でさまざまなワークを取り入れています」と添えてくださいました．このように一人前として扱っていただいたことで，授業にかかわって研究をさせていただくことに強い責任を感じ，自分の力以上のものを発揮できたように思います．

そして，学習・研究に励むための最高の環境であった，高等教育研究開発推進センター・高等教育学コースの先生方・修了生の先輩方・同じ時期を過ごした院生の皆様にも感謝を申し上げます．多様な専門性を背景に持つ先生方の開講してくださる授業や，「研究して当たり前」という雰囲気の院生室．日本学術振興会の特別研究員の申請書を何度も添削してくださった先輩方．この環境で5年間を過ごせたから，今ここにいる私が存在し，本書を完成させることができました．全員の御名前を挙げる紙幅はありませんが，特に院生室の内外のインフォーマルな機会で貴重なご意見を度々くださった，田口研究室の香西佳美さん，澁川幸加さん，袁通衢さん，そして，院生仲間の中西勝彦さん，大野真理子さん，田中孝平さん！ 皆様，本当にありがとうございました．

本書で開発した教授法の根幹になっているアイデアや，細部に宿らせたいくつかのこだわりは，私の教育者としてのあり方を反映しています．その土台を育んでくれた多くの出会いについても感謝の意を記したく思います．

私の教育者としてのベースは，20歳から29歳まで続けた家庭教師の経験にあります．1回あたり数時間，生徒さんの認知状態をずっと真横でモニタ

リングするような姿勢で付き添って学習を支援する経験は,「人はどのようにして学ぶのか」ということを,徹底的に教えてくれました.小学生の低学年から高校3年生までさまざまな学年・年齢の生徒さんを担当でき,人の学びと成長を誰より一番近くで見ることができたことは,大学教育研究を専門とする私にとって,教育者としての幅が広がる機会になったように思います.

　他方で,そういった個別指導とは異なる集団授業の魅力に気づくことができたのは,前職での経験でした.中高の先生方を対象とするアクティブラーニング型授業の研修講座にて,「グループワーク中は,机間巡視したほうがいいのですか?」との参加者からの質問に対して,研修講師の先生が述べられた考えが大変印象的でした.「一概にダメということはないのですが,先生が近くにいると生徒は質問したくなり,特定の生徒と先生の個別指導が始まってしまうケースがあります.そうなると,集団授業の良さが活かされないかもしれませんね」.個別指導の経験がベースにあった私が,集団授業というものの魅力に気づいたのはこのときです.個人ワークやグループワークで深い思考・対話をするための材料を教員から学習者全体に渡したあとは,彼ら・彼女らを信頼して任せる ―― このような仕掛けこそが,集団授業の醍醐味なのではないかと思います.本書で開発した教授法でも,個別のフィードバックは取り入れず,クラス全体で実施できる学習活動を重視したのは,この魅力を(あるいは限界を)追究したかったという理由が心にあったのかもしれません.

　私を導いてくれた,大学という場への感謝を述べます.高校を中退し,人生に希望を見出せないまま同志社大学政策学部に入学しました.ゼミでは,柿本昭人先生の指導のもと,書くこと・考えることの型を学ぶことができました.そして,授業や図書館でさまざまな学問に触れるなかで,自分が自由になっていく感覚を味わいました.自分に何が起きていたのか,いまだ言語化することはできません.しかし,大学という場で味わったあの「自由の感覚」を頼りにして,大学教育研究の道に足を踏み入れることになりました.今後の人生を通して,大学という場に微力ながら恩返しができればと考えています.

最後に，私がいまいるような私でいるのは，家族のおかげです．

　生命を授けてくれた母に本書を直接手渡すことができないのは残念なことですが，墓前に据えて報告したいと思います．私の知性を育ててくれた祖母，父，兄にも深く感謝しています．

　そして，妻と娘がしてくれたことを挙げれば枚数がいくらあっても足りませんので，存在への感謝を記したいと思います．妻がいなければ，このように大学院で励むことも，このように研究を積み重ねることも，この本を出版することも，叶わなかったことでしょう．私の挑戦すべてを受け止めて，見守り，応援し続けてくれて，ありがとう．そして，娘が大人になったときに送り出す大学や社会が，いまよりもっと素敵な場所になっていたらいいな，そのことにわずかでも貢献できたらいいな，という思いが，私の研究の原動力になってきました．さらに本書の出版直前には，息子がこの世に生を授かりました．輝かしい命に日々囲まれて私は幸せ者です．生まれてきてくれてありがとう．

　まだまだ至らぬところの多い私ですが，お世話になった多くの方々に少しでも恩を返せるよう，引き続き励んでいく所存です．

　　2025 年 1 月吉日

岩田　貴帆

索　引

か

協議ワーク　88-91, 93-96, 99, 101, 103-107, 109-116, 120-122, 125-130, 132-136, 139-140, 170, 173, 175, 178
形成的評価　7-9, 11-13, 15-16, 22, 29-31, 36, 110, 123, 130
効果量　26, 59-63, 77, 92-93, 101-102, 104, 116, 119-120, 131
コンピテンシー　1, 3-5, 7, 11, 14-15, 18, 23, 26, 29, 49, 51-52, 67-68, 88, 97, 109, 123-124, 126, 128, 130, 133, 141

さ

作品形式　128-129
自己調整（自己調整学習）　11-12
自己評価活動　31-37, 39-44, 76, 85, 87, 109, 124, 136, 139
自己評価能力　16-17
自己評価の不適切さ　15, 75-76, 78-82, 91-94, 101-105, 116-117, 125, 131
実演形式　34, 128-129
実行可能性　8-9, 11, 130
社会学的思考法　49, 51-52, 57, 67-68, 70, 74, 76-77, 82, 88-89, 96-98, 113-114
自立　12, 13, 16
自律性　8, 10, 13, 120-121, 139
自律的　11, 13-16, 24, 26-27, 29, 31, 35-36, 39-40, 42, 86, 109, 114, 121-124, 126-129, 132, 134, 136, 138-139

た

他者視点の獲得　26-27, 29, 44, 85, 109, 123-125, 133, 141
典型事例（Exemplar）　30, 34-35, 38-40, 44-48, 51, 53-56, 62-63, 65-66, 68-69, 70-73, 76, 80-81, 83, 89, 94, 99, 111, 124, 127, 129, 131-133, 135, 137, 140, 159, 161, 163, 165
到達目標　49, 51, 68, 82, 88, 96-97, 106, 113, 135

は

パフォーマンス課題　5-6, 14-17, 23, 34, 51-52, 57, 68, 70, 88, 97, 106, 123, 128, 132
パフォーマンス評価　4-8, 11, 51-52, 68, 88, 97, 126, 130
ピア評価　11, 22-23, 30-32, 35, 37, 87, 90, 125, 127
ピアレビュー　25, 30-35, 37-44, 76, 85-91, 93-96, 99-107, 109-116, 120-122, 124-130, 132-136, 139-140, 170, 173, 175, 178
評価エキスパティーズ（Evaluative Expertise）　12, 16, 17, 110
評価活動　27, 29-37, 39-44, 76, 83, 85, 87, 109, 121, 124, 133-136, 139
評価基準の理解　22, 25-27, 29, 43-45, 48, 56, 58, 62-63, 65, 83, 94-95, 99, 105-107, 109, 117, 123-125, 127, 133-134, 137, 139, 141
評価ジャッジメント（Evaluative Judgement）　16-19, 30-31
評価練習　25, 34-35, 38-48, 50-51, 54-59, 61-66, 68, 70-74, 76, 80-81, 83, 89, 93-94, 96, 99, 104-107, 109-113, 121-122, 124-130, 132, 134-135, 137-140, 157-159, 166
フィードバック　7-11, 13, 22, 30-32, 35, 38-40, 85, 92, 94-96, 106, 113-114, 120-121, 123, 126-127, 129-130, 139-140

ら

ルーブリック　5-6, 9, 14, 19, 21-22, 24-26, 30, 32-33, 35-36, 38, 44-48, 51-53, 55-57, 59, 62, 65-66, 68-70, 72, 74-76, 80-83, 88-91, 96-99, 101, 103, 105-106, 111, 114-115, 120-121, 124, 127, 131-140, 159, 161, 163, 165

レポート　6-7, 25, 34, 38, 50-54, 56-61, 66-70, 74, 76-77, 81-82, 85, 88-91, 94, 96-100, 105-106, 112-115, 120-121, 125-126, 129, 132, 135, 137

わ

ワークシート　55-56, 58, 72, 90-91, 99-100, 102, 112, 116, 120, 157, 166, 170, 175

著者略歴

岩田 貴帆（いわた たかほ）

1991年京都生まれ．
2015年に同志社大学政策学部を卒業後，教育関係の企業勤務を経て，
2023年に京都大学大学院教育学研究科博士後期課程を修了．博士（教育学）．
現在，関西学院大学高等教育推進センター 専任講師．
専門は大学教育学・教育工学．
論文「協議ワークを取り入れたピアレビューによる学生の自己評価力向上の効果検証」で大学教育学会奨励賞受賞．

関西学院大学研究叢書　第 267 編

学生の自律性を育てる授業
自己評価を活かした教授法の開発

2025 年 3 月 15 日初版第一刷発行

著　者	岩田貴帆
発行者	田村和彦
発行所	関西学院大学出版会
所在地	〒 662-0891
	兵庫県西宮市上ケ原一番町 1-155
電　話	0798-53-7002
印　刷	株式会社クイックス

©2025 Takaho IWATA
Printed in Japan by Kwansei Gakuin University Press
ISBN 978-4-86283-391-4
乱丁・落丁本はお取り替えいたします。
本書の全部または一部を無断で複写・複製することを禁じます。